四川省地方标准

钢管混凝土梁桥技术规程

DB 51/T 2513—2018

Technical Specification for Concrete-filled
Steel Tubular Girder Bridge

主编单位：四川省交通运输厅公路规划
勘察设计研究院　等
批准部门：四川省质量技术监督局
实施日期：2018 年 08 月 01 日

人民交通出版社股份有限公司

图书在版编目(CIP)数据

钢管混凝土梁桥技术规程/四川省交通运输厅公路规划勘察设计研究院等主编. — 北京：人民交通出版社股份有限公司，2018.7
ISBN 978-7-114-14909-2

Ⅰ.①钢… Ⅱ.①四… Ⅲ.①钢管混凝土桥—规程—四川 Ⅳ.①U448.36-65

中国版本图书馆 CIP 数据核字(2018)第 169507 号

书　　名：	钢管混凝土梁桥技术规程
著　作　者：	四川省交通运输厅公路规划勘察设计研究院　等
责任编辑：	黎小东
责任校对：	刘　芹
责任印制：	张　凯
出版发行：	人民交通出版社股份有限公司
地　　址：	(100011)北京市朝阳区安定门外外馆斜街 3 号
网　　址：	http://www.ccpress.com.cn
销售电话：	(010)59757973
总　经　销：	人民交通出版社股份有限公司发行部
经　　销：	各地新华书店
印　　刷：	北京市密东印刷有限公司
开　　本：	880×1230　1/32
印　　张：	3.625
字　　数：	66 千
版　　次：	2018 年 8 月　第 1 版
印　　次：	2018 年 8 月　第 1 次印刷
书　　号：	ISBN 978-7-114-14909-2
定　　价：	50.00 元

(有印刷、装订质量问题的图书，由本公司负责调换)

前　　言

本标准按照 GB/T 1.1—2009 给出的规则起草。

本标准由四川省交通运输厅提出归口。

本标准由四川省质量技术监督局批准。

本标准主要起草单位：四川省交通运输厅公路规划勘察设计研究院、四川交通职业技术学院、四川路桥桥梁工程有限责任公司、西华大学。

本标准主要起草人：牟廷敏、范碧琨、李畅、赵艺程、孙才志、周孝军、康玲、詹文、李胜、何娇阳、李成君、宋瑞年、苏俊臣、狄秉臻、何源、陈功。

目　次

1 范围 ·· 1

2 规范性引用文件 ·· 2

3 总则 ·· 4

4 术语和符号 ·· 8
　4.1　术语 ·· 8
　4.2　符号 ··· 11

5 材料 ·· 17
　5.1　钢材 ·· 17
　5.2　连接材料 ··· 19
　5.3　混凝土 ·· 21
　5.4　钢管混凝土 ·· 24

6 计算基本规定 ··· 32
　6.1　一般规定 ··· 32
　6.2　作用及作用效应组合 ·· 35
　6.3　施工计算 ··· 38
　6.4　计算限值要求 ·· 39

7 承载能力极限状态计算 ··· 40
　7.1　一般规定 ··· 40

7.2	单管受压构件	41
7.3	单管受拉构件	47
7.4	单管受剪构件	50
7.5	组合受压构件	50
7.6	节点承载力计算	60
7.7	节点及连接疲劳验算	63
7.8	局部受压构件	63

8 正常使用极限状态计算 … 66
   8.1 一般规定 … 66
   8.2 变形及预拱度设置 … 67
   8.3 动力特性 … 68

9 构造 … 69
   9.1 一般规定 … 69
   9.2 桁式主梁、桁式墩(塔)结构 … 75
   9.3 组合墩(塔)、混合墩(塔)结构 … 79
   9.4 钢-混过渡接头 … 83
   9.5 防排水构造 … 85
   9.6 检修养护设施 … 86

10 制造、安装与防腐 … 87
   10.1 一般规定 … 87
   10.2 钢结构制造 … 88

10.3 钢结构安装 ································· 91

10.4 管内混凝土灌注 ····························· 92

10.5 钢结构涂装 ································· 93

附录 A 钢管混凝土徐变系数 ······················· 95

附录 B 钢管混凝土本构关系 ······················· 96

附录 C 钢管混凝土构件应力计算 ··················· 99

附录 D 钢-混凝土组合桥面板 ······················ 102

本规程用词用语说明 ······························ 106

1 范围

本规程规定了钢管混凝土梁桥术语和符号,材料,计算基本规定,承载能力极限状态计算,正常使用极限状态计算,构造,制造、安装与防腐等。

本规程适用于圆形截面钢管混凝土梁桥的设计、制造、安装与防腐。

2 规范性引用文件

下列文件对于本文件的应用是必不可少的。凡是注日期的引用文件,仅注日期的版本适用于本文件。凡是不注日期的引用文件,其最新版本(包括所有的修改单)适用于本文件。

GB 50017	钢结构设计规范
GB 50661	钢结构焊接规范
GB 9796	热喷涂铝及铝合金涂层试验方法
JTG B01	公路工程技术标准
JTG D60	公路桥涵设计通用规范
JTG D62	公路钢筋混凝土及预应力混凝土桥涵设计规范
JTG D64	公路钢结构桥梁设计规范
JTG/T D65-06	公路钢管混凝土拱桥设计规范
JTG/T B02-01	公路桥梁抗震设计细则
JTG/T D60-01	公路桥梁抗风设计规范
JTG/T F50	公路桥涵施工技术规范
JTG H11	公路桥涵养护规范
JT/T 722	公路桥梁钢结构防腐涂装技术条件

TB 10091	铁路桥梁钢结构设计规范
DB 51/T 1995	机制砂桥梁高性能混凝土技术规程
DB 51/T 2425	钢管混凝土桥梁检验评定规程
DB 51/T 2515—2018	钢管混凝土桥梁焊接节点疲劳技术规程
SCG F51—2015	桥梁高性能混凝土制备与应用技术指南
2008年版	公路钢管混凝土桥梁设计与施工指南
Q/CR 9211	铁路钢桥制造规范

3 总 则

3.0.1 为规范钢管混凝土梁桥的设计,确保设计质量,使钢管混凝土梁桥的设计满足安全可靠、适用耐久、经济合理、技术先进的要求,制定本规程。

3.0.2 本规程适用于圆形截面钢管混凝土梁桥设计。

条文说明

圆形钢管对混凝土的约束力强,计算理论与构造设计技术成熟,建造的梁桥数量较多。钢管混凝土梁桥包括主塔、主梁或桥墩等主要受力构件采用钢管混凝土桁式结构的简支梁桥、连续梁(刚构)桥、斜拉桥或悬索桥。

3.0.3 钢管混凝土梁桥应采用以概率理论为基础的极限状态设计法,进行以下两类极限状态设计。

1 承载能力极限状态:对应于钢管混凝土梁桥及其构件达到最大承载能力或出现不适于继续承载的变形或变位的状态。

2 正常使用极限状态:对应于钢管混凝土梁桥及其构件达到正常使用或耐久性的某项限值的状态。

3.0.4 钢管混凝土梁桥应根据不同种类的作用(或荷载)及其对桥梁的影响、桥梁所处的环境条件,考虑以下四种状况,进行相应的极限状态设计。

1 持久状况:桥梁建成后承受自重、车辆等荷载的状况。应进行承载能力极限状态和正常使用极限状态设计。

2 短暂状况:桥梁施工过程中承受临时性作用(或荷载)的状况。应进行承载能力极限状态设计,必要时进行正常使用极限状态设计。

3 偶然状况:桥梁在服役期内可能偶然出现异常的状况。应进行承载能力极限状态设计,必要时进行正常使用极限状态设计。

4 地震状况:桥梁在遭受地震作用时的状况,在抗震设防地区应计入地震设计状况。应进行承载能力极限状态设计,必要时进行正常使用极限状态设计。

3.0.5 钢管混凝土梁桥设计时,应提出相应的施工方法、施工步骤和结构体系转换程序。

条文说明

钢管混凝土梁桥的施工方法、施工步骤和结构体系转换程序,影响到桥梁设计的总体布局、结构构造、施工与使用安全。因此,设计时应总体考虑施工全过程的关键技术。

3.0.6 施工阶段设计,在管内混凝土未达到设计强度前,构件的承载力、变形和稳定性应按钢结构计算。施工阶段的设计荷载应包括钢管和混凝土等结构的自重、预应力、温度作用、风荷载及可能发生的施工荷载等。

3.0.7 钢管混凝土梁桥主体结构设计使用年限应为100年,钢结构防腐涂层体系保护年限应为15年。应设置钢结构专用检修通道,满足主体结构及构件可检查和可维修的需要。

条文说明

钢管混凝土梁桥主体结构包括桁式主梁、桁式墩(塔)、组合墩(塔)、混合墩(塔)和桁式结构横向连接系等。为满足钢结构主体结构及构件日常巡查和维护需要,应进行钢结构专用检修通道的设计。

3.0.8 钢管混凝土梁桥中的钢结构构造细节应满足完整性设计的要求。

条文说明

近年来,美国、韩国及中国等国家的钢结构桥梁,因制造或服役期形成的局部缺陷,在恶劣环境中,缺陷急速恶化扩展,缩短了桥梁服役期甚至导致桥梁垮塌。本规程涉及的钢管桁式节点连接方式主要为焊接,空中安装焊接工作量大,在焊接节点和接头处更容易造成钢管结构的局部缺陷,严重影响钢管混凝土桥梁寿命。

3.0.9 钢管混凝土桁式结构的受拉相贯焊接接头,对焊缝主管侧的焊接热影响区应进行修磨。

条文说明

受拉相贯焊接接头的焊缝修磨方法和要求,按照四川省地方标准《钢管混凝土桥梁焊接节点疲劳技术规程》(DB 51/T 2515—2018)执行。

3.0.10 交通运输行业外的钢管混凝土梁桥设计,应执行相关行业规范的设计荷载规定及特定构造要求。

3.0.11 钢管混凝土梁桥设计,除应符合本规程的规定外,尚应符合国家和行业现行有关标准的规定。

4 术语和符号

4.1 术 语

4.1.1 钢管混凝土构件
在钢管内灌注混凝土,并由钢管-混凝土共同受力的构件。

4.1.2 钢管混凝土梁桥
主体结构采用钢管混凝土桁式主梁、桁式墩(塔)、组合墩(塔)或混合墩(塔)等作为主要受力构件的桥梁。

4.1.3 单管受压构件
由单根钢管混凝土作为受压截面的构件。

4.1.4 单管受拉构件
由单根钢管混凝土作为受拉截面的构件。

4.1.5 桁式主梁
下缘为钢管混凝土主管,上缘为钢管混凝土主管或桥面板,上、下缘通过支管或型钢连接形成桁式受力结构的主梁。

4.1.6 桁式墩(塔)

由两肢或两肢以上的钢管混凝土主管,通过支管或型钢连接形成桁式受力结构的桥墩或主塔,纵向力由主管承担。

4.1.7 组合墩(塔)

由两肢或两肢以上的钢管混凝土主管,通过钢筋混凝土腹板连接形成组合受力结构的桥墩或主塔,纵向力由主管和混凝土板共同承担。

4.1.8 混合墩(塔)

采用组合段和桁式段混合形成的桥墩或主塔。

4.1.9 斜支管

与主管斜交的支管。

4.1.10 直支管

与主管垂直的支管。

4.1.11 自密实补偿收缩混凝土

具有高流动度、不离析、均匀和稳定等特性,浇筑时依靠其自重流动,无须振捣而达到密实,硬化时依靠膨胀剂及反应水作用,使混凝土微量膨胀而补偿收缩的混凝土。

4.1.12　组合弹性轴压模量

钢管混凝土构件组合截面在轴心受压且其纵向名义应力与应变成线性关系时,名义压应力与压应变的比值。

4.1.13　组合弹性剪切模量

钢管混凝土构件组合截面在受纯剪且其切向名义应力与应变成线性关系时,名义剪应力与剪应变的比值。

4.1.14　约束效应系数标准值

反映钢管混凝土组合截面几何特征和组成材料物理特性的综合参数标准值。

4.1.15　约束效应系数设计值

反映钢管混凝土组合截面几何特征和组成材料物理特性的综合参数设计值。

4.1.16　钢管初应力

钢管混凝土构件内混凝土达到设计强度前空钢管的应力。

4.1.17 脱空率

脱空截面积与钢管混凝土组合截面积的比值。

4.1.18 初应力折减系数

反映钢管初应力对钢管混凝土承载能力影响程度的系数。

4.1.19 脱空折减系数

反映钢管内混凝土脱空率对钢管混凝土承载能力影响程度的系数。

4.1.20 完整性设计

为保证结构的设计使用目标,在钢管结构材质、荷载、构造、制造、安装和维护等环节设计时,既规定构件的强度和刚度要求,又规定构件损伤容限和抗断裂要求,具有系统性、整体性和综合性特点的设计。

4.2 符 号

4.2.1 作用与作用效应有关符号

R——构件承载力设计值;

S——作用(或荷载)效应的组合设计值;

N_d——轴向力设计值;

M_d——弯矩设计值;

V_d——剪力设计值;

N——组合截面的抗压承载力;

M——组合截面的抗弯承载力;

N_{sc}——钢管混凝土主管截面的抗压承载力;

M_{sc}——钢管混凝土主管截面的抗弯承载力;

N_{rc}——钢筋混凝土箱形截面的抗压承载力;

M_{rc}——钢筋混凝土箱形截面的抗弯承载力;

N_c——支管受压时的节点承载力;

N_t——支管受拉时的节点承载力。

4.2.2 材料指标有关符号

E_c——混凝土弹性模量;

E_s——钢材弹性模量;

E_{sc}——钢管混凝土组合弹性轴压模量;

G_c——混凝土剪切模量;

G_s——钢材剪切模量;

G_{sc}——钢管混凝土组合弹性剪切模量;

f_{cd}——混凝土轴心抗压强度设计值;

f_{ck}——混凝土轴心抗压强度标准值;

f_{td}——混凝土轴心抗拉强度设计值；

f_{tk}——混凝土轴心抗拉强度标准值；

f_{sd}——钢材的抗拉、抗压、抗弯强度设计值；

f_{vd}——钢材的抗剪强度设计值；

f_y——钢材的屈服强度；

f_{sc}——钢管混凝土组合轴心抗压强度设计值；

τ_{sc}——钢管混凝土组合抗剪强度设计值；

μ_c——混凝土泊松比；

α——线膨胀系数；

ρ——密度；

$[\sigma_0]$——疲劳容许应力幅。

4.2.3 几何参数有关符号

A_b——一个节间内各直支管面积之和；

A_c——钢管内混凝土的截面面积；

A_d——一个节间内各斜支管面积之和；

A_f——支管截面面积；

A_s——钢管混凝土钢管的截面面积；

A_{sc}——钢管混凝土的组合截面面积；

a_i——桁式墩(塔)单肢中心到虚轴 y-y 的距离；

b_i——桁式墩(塔)单肢中心到虚轴 x-x 的距离；

D——主管外径；

d——支管外径；

e_0——偏心距；

g——两支管间的间隙；

h_{sc}——受压较小边或受拉边钢管混凝土中心至截面顶部的距离；

h_i——钢管混凝土左右主管的中心距；

I_s——钢管截面惯性矩；

I_c——混凝土截面惯性矩；

I_{sc}——钢管混凝土组合截面惯性矩；

i——截面回转半径；

L——主梁的计算跨径；

l_0——构件的计算长度；

l_1——桁式墩(塔)节间距离；

l_{0x}——桁式墩(塔)对 X 轴的计算长度；

l_{0y}——桁式墩(塔)对 Y 轴的计算长度；

r——钢管混凝土组合截面半径；

r_c——钢管内混凝土的截面半径；

T——主管壁厚；

t——支管壁厚或钢板板厚；

λ——构件长细比；

λ_x——桁式墩(塔)对 X 轴的长细比;

λ_y——桁式墩(塔)对 Y 轴的长细比;

λ_n——桁式墩(塔)的相对长细比;

λ^*——桁式墩(塔)的换算长细比;

β——支管与主管外径之比;

τ——支管与主管壁厚之比;

θ——管轴线之间的夹角;

ε_b——界限偏心率;

δ_s——桁式主梁设计预拱度值;

δ_j——桁式主梁计算预拱度值。

4.2.4 计算系数及其他

a_s——钢管混凝土截面的含钢率;

ξ——钢管混凝土的约束效应系数标准值;

ξ_0——钢管混凝土的约束效应系数设计值;

σ_0——钢管初应力;

ω——钢管初应力度;

μ——钢管混凝土梁桥车辆荷载冲击系数;

γ——结构重要性系数;

γ_e——抗震调整系数;

γ_v——截面抗剪修正系数;

φ——弯矩增大折减系数；

φ_l——构件长细比折减系数；

φ_e——构件偏心距折减系数；

η——偏心距增大系数；

δ——柔度系数；

K——换算长细比系数；

K_{sc}——受拉钢管混凝土组合弹性模量修正系数；

K_d——钢管混凝土脱空折减系数；

K_p——钢管初应力折减系数；

K_y——预拱度非线性修正系数；

K'——换算长细比修正系数。

5 材 料

5.1 钢 材

5.1.1 钢管混凝土构件中的钢材,应根据结构的重要性、荷载特征、应力状态、连接方式和环境条件等因素选取强度和质量等级。桥梁环境温度与最低钢材质量等级的匹配关系宜满足表5.1.1的要求。

表5.1.1 桥梁环境温度与最低钢材质量等级的匹配关系

桥梁环境温度(℃)	≥0	0~-20	-20~-40	<-40
最低钢材质量等级	C	C、D	D、E	F

条文说明

当钢材的冲击韧性不满足环境温度的要求时,因钢材脆性增加而降低材料的疲劳强度,特别是受拉钢管混凝土接头容易发生疲劳破坏,因此采用的钢材质量等级必须与桥梁所处的环境温度相匹配。

5.1.2 钢材质量应符合《碳素结构钢》(GB/T 700)、《低合金高强度结构钢》(GB/T 1591)和《桥梁用结构钢》(GB/T 714)的规定。

5.1.3 钢管宜采用卷制焊接直缝钢管、螺旋焊接管或无缝钢管。当钢管径厚比满足卷制要求时,优先选用卷制焊接直缝钢管。

条文说明

卷制焊接直缝钢管制造精度高、质量可靠、成本较低,宜优先选用。

5.1.4 当钢管有防止层状撕裂的需要时,其材质应符合《厚度方向性能钢板》(GB/T 5313)的规定。

条文说明

钢管混凝土梁桥的主梁、桥墩(塔)、横撑的主管,当壁厚超过16mm时,受卷制制造和支管拉力的作用,钢板轧制方向的缺陷将放大,成为早期疲劳损伤的起源点,应防止主管出现层状撕裂。

5.1.5 钢材的物理力学性能指标应按表5.1.5采用。

表5.1.5 钢材的物理力学性能指标

弹性模量 E_s (MPa)	剪切模量 G_s (MPa)	线膨胀系数 α (1/℃)	密度 ρ (kg/m³)
2.06×10^5	0.79×10^5	1.2×10^{-5}	7850

5.1.6 钢管的强度设计值应按表5.1.6采用。

表 5.1.6 钢管的强度值(MPa)

钢材		强度设计值		屈服强度 f_y
牌号	厚度(mm)	抗拉、抗压和抗弯 f_{sd}	抗剪 f_{vd}	
Q235	≤16	215	125	235
	16~40	205	120	225
Q345	≤16	310	180	345
	16~35	295	170	325
Q390	≤16	350	205	390
	16~35	335	190	370
Q420	≤16	380	220	420
	16~35	360	210	400

5.2 连接材料

5.2.1 焊接材料应与结构钢材的性能相匹配。当两种不同强度等级的钢材相焊接时,宜采用与强度较低的一种钢材相适应的焊接材料。

条文说明

手工焊接采用的焊条应符合《碳钢焊条》(GB/T 5117)或《低合金钢焊条》(GB/T 5118)的规定,对需要验算疲劳的构件宜采用低氢型碱性焊条。

自动焊和半自动焊采用的焊丝和焊剂应符合《熔化焊用钢丝》(GB/T 14957)、《气体保护电弧焊用碳钢、低合金钢焊丝》(GB/T 8110)、《碳钢药芯焊丝》(GB/T 10045)、《低合金钢药芯焊丝》(GB/T 17493)、《埋弧焊用碳钢焊丝和焊剂》(GB/T 5293)或《埋弧焊用低合金钢焊丝和焊剂》(GB/T 12470)的规定。

5.2.2 用于钢管混凝土构件或钢构件连接的紧固件,应符合国家关于普通螺栓、高强度螺栓、焊钉的相关技术要求。

条文说明

普通螺栓应符合《六角头螺栓》(GB/T 5780)和(GB/T 5782)的规定。

高强度螺栓应符合《钢结构用高强度大六角头螺栓》(GB/T 1228)、《钢结构用高强度大六角螺母》(GB/T 1229)、《钢结构用高强度垫圈》(GB/T 1230)、《钢结构用高强度大六角头螺栓、大六角螺母、垫圈技术条件》(GB/T 1231)或《钢结构用扭剪型高强度螺栓连接副》(GB/T 3632)、《钢结构用扭剪型高强度螺栓连接副技术条件》(GB/T 3633)的规定。高强度螺栓的预紧力和摩擦面抗滑移系数应符合《钢结构设计规范》(GB 50017)的规定。

焊钉应符合《电弧螺栓焊用圆柱头焊钉》(GB/T 10433)的规定。

5.3 混 凝 土

5.3.1 钢管内灌注的混凝土应采用自密实补偿收缩混凝土,其强度等级宜为 C30~C80。受压钢管内宜灌注较高强度等级的混凝土,受拉钢管内宜灌注普通强度等级的混凝土。

条文说明

由于混凝土抗拉强度较低,钢管混凝土构件受拉时,管内混凝土起支撑管壁、提高钢管径向刚度的作用,采用普通强度等级混凝土更易保证混凝土的体积稳定性能。

5.3.2 自密实补偿收缩混凝土的性能指标应满足以下要求。

1 力学性能:应满足设计要求。

2 体积稳定性能:密闭环境下混凝土自由膨胀率应控制在 $2 \times 10^{-4} \sim 6 \times 10^{-4}$,其稳定收敛期应小于60d。

3 工作性能:其各项指标应满足表5.3.2的要求。

4 外加剂选择:应掺加高效减水剂和膨胀剂。选用的高效减水剂应具有保塑、缓凝的功能,减水率应大于25%,且制备的混凝土拌和物含气量应小于2.5%。选用的膨胀剂应对混凝土工作性能影响小、膨胀性能稳定,水中限制膨胀率7d大于0.05%、空气中(温度20℃±2℃,相对湿度60%±5%)21d大于0。

表 5.3.2 自密实补偿收缩混凝土工作性能

泵送灌注时间(h)	坍落度(cm)		扩展度(cm)		U形箱填充高度(cm)	V形漏斗通过时间(s)	T_{50}时间(s)	初凝时间(h)	终凝时间(h)
≤6	入泵 20~26	3h: ≥18	入泵 50~65	3h: ≥40	≥30 无障碍	10~25	5~20	12~18	14~20
≤10		5h: ≥18		5h: ≥40				16~22	18~24

条文说明

自密实补偿收缩混凝土工作性能，其评价指标根据《自密实混凝土应用技术规程》(CECS 203:2006)的性能测试方法，采用坍落扩展度法测试流动性能，采用 V 形漏斗法测试黏稠性和抗离析性，采用 U 形箱法测试自填充性。测试的混凝土工作性能指标应符合本条规定。

武汉理工大学的试验研究表明：钢管内混凝土在密闭环境下的膨胀率应在 60d 内稳定收敛，有利于施工控制和桥梁结构的稳定。当密闭环境下钢管内混凝土自由膨胀率为 $2 \times 10^{-4} \sim 6 \times 10^{-4}$，含气量小于2.5%时，钢管内混凝土容易密实。如果密闭环境下混凝土中膨胀剂掺量高，自由膨胀率过大，就会影响混凝土的工作性能、力学性能和结构稳定性能。

主管内混凝土一般采用泵送顶升灌注，依靠混凝土的自重而密实,因此,混凝土应具有良好的自密实性能。如果初始坍落度小于20cm、扩展度小于50cm、T_{50}时间大于20s、V形漏斗通过时间大于25s、U形箱填充高度小于30cm,则混凝土的工作性能不能满足自密实性能要求;混凝土坍落度大于26cm、扩展度大于65cm、T_{50}时间小于5s、V形漏斗通过时间小于10s,则混凝土黏聚性不良,容易离析而堵管或分层,影响钢管混凝土的均匀性。工程实践表明,如果泵送顶升灌注6h内完成,则控制3h坍落度宜大于18cm,扩展度大于40cm,初凝时间12~18h,终凝时间14~20h;如果泵送顶升灌注10h内完成,则3h坍落度应无损失,控制5h坍落度宜大于18cm,扩展度大于40cm,初凝时间16~22h,终凝时间18~24h。

在泵送压力作用下,混凝土中气体会部分逸出,积聚在钢管和混凝土之间形成气膜,造成钢管和混凝土脱粘,所以对减水剂含气量作出要求。

5.3.3 混凝土轴心抗压强度标准值f_{ck}、轴心抗压强度设计值f_{cd}、轴心抗拉强度标准值f_{tk}、轴心抗拉强度设计值f_{td}、弹性模量E_c应按表5.3.3采用。混凝土的剪切模量G_c可按表5.3.3中弹性模量E_c的0.4倍采用,混凝土的泊松比μ_c可采用0.2。

表5.3.3 混凝土强度和弹性模量(MPa)

混凝土强度等级		C30	C40	C50	C60	C70	C80
标准值	轴心抗压 f_{ck}	20.1	26.8	32.4	38.5	44.5	50.2
	轴心抗拉 f_{tk}	2.01	2.40	2.65	2.85	3.00	3.10
设计值	轴心抗压 f_{cd}	13.8	18.4	22.4	26.5	30.5	34.6
	轴心抗拉 f_{td}	1.39	1.65	1.83	1.96	2.07	2.14
弹性模量 E_c ($\times 10^4$)		3.00	3.25	3.45	3.60	3.70	3.80

5.4 钢管混凝土

5.4.1 受压钢管混凝土构件应满足下列要求：

1 钢管外径不宜小于300mm，也不宜大于1500mm。

2 钢管壁厚不宜小于8mm。

3 钢管径厚比(D/T)不宜大于90，其中卷制焊接钢管径厚比(D/T)不宜小于40。

4 含钢率a_s取值宜为0.04~0.20，其值应按式(5.4.1-1)计算。

$$a_s = \frac{A_s}{A_c} \quad (5.4.1\text{-}1)$$

式中：a_s——钢管混凝土截面含钢率；

A_s——钢管混凝土钢管的截面面积；

A_c——钢管内混凝土的截面面积。

5 约束效应系数标准值ξ不宜小于0.6，其值应按式(5.4.1-2)

计算。

$$\xi = \frac{A_s f_y}{A_c f_{ck}} \quad (5.4.1\text{-}2)$$

式中：ξ——钢管混凝土的约束效应系数标准值；

A_s——钢管混凝土钢管的截面面积；

f_y——钢材的屈服强度；

A_c——钢管内混凝土的截面面积；

f_{ck}——混凝土轴心抗压强度标准值。

条文说明

为使钢管与钢管内混凝土具有统一的力学特征和变形协调性能，满足桥梁结构受力性能需要，钢管混凝土的含钢率、径厚比、约束效应系数等应满足规定指标要求。

5.4.2 受拉钢管混凝土构件应满足下列要求：

1 钢管外径不宜小于300mm，也不宜大于1500mm。

2 钢管壁厚不宜小于12mm。

3 钢管径厚比(D/T)不宜大于60，其中卷制焊接钢管径厚比(D/T)不宜小于40。

4 含钢率a_s不宜小于0.09。

5.4.3 受压钢管构件应满足下列要求：

1 钢管外径不宜小于150mm，也不宜大于750mm。

2 钢管壁厚不宜小于8mm，且支管壁厚应不大于主管壁厚。

3 钢管径厚比（D/T）不宜大于40。

条文说明

钢管混凝土桁式结构的受压空心支管，因局部稳定性需要，应控制其径厚比。

5.4.4 受拉钢管构件应满足下列要求：

1 钢管外径不宜小于150mm，也不宜大于750mm。

2 钢管壁厚不宜小于8mm，且支管壁厚应不大于主管壁厚。

3 受拉钢管不宜采用对接焊缝接长。

条文说明

由于钢管混凝土桁式结构的支管或横撑钢管长度较短、直径较小，设置内衬垫困难，对接焊缝质量难以保证，应避免受拉钢管采用对接焊缝接长。

5.4.5 钢管与混凝土的强度等级匹配关系宜满足表5.4.5-1和表5.4.5-2的要求。

表5.4.5-1 受压钢管与混凝土的强度等级匹配关系

钢材	Q235		Q345					Q390(Q420)			
混凝土	C30	C40	C40	C50	C60	C70	C80	C50	C60	C70	C80

表 5.4.5-2 受拉钢管与混凝土的强度等级匹配关系

钢材	Q235		Q345			Q390(Q420)			
混凝土	C30	C40	C30	C40	C50	C30	C40	C50	C60

条文说明

钢管和混凝土材料的强度等级影响钢管混凝土力学性能,钢管和混凝土的强度等级应科学合理匹配,使钢管混凝土的力学性能更优良、经济性更好。

5.4.6 受压钢管混凝土设计强度应采用组合轴心抗压强度 f_{sc},f_{sc} 应按式(5.4.6-1)和式(5.4.6-2)计算。

当主管壁厚 $T \leqslant 16\text{mm}$ 时:

$$f_{sc} = (1.14 + 1.02\xi_0)f_{cd} \quad (5.4.6\text{-}1)$$

当主管壁厚 $T > 16\text{mm}$ 时:

$$f_{sc} = 0.96 \times (1.14 + 1.02\xi_0)f_{cd} \quad (5.4.6\text{-}2)$$

式中:f_{sc}——钢管混凝土组合轴心抗压强度设计值;

ξ_0——钢管混凝土的约束效应系数设计值,按式(5.4.6-3)计算;

$$\xi_0 = \frac{A_s f_{sd}}{A_c f_{cd}} \quad (5.4.6\text{-}3)$$

A_s——钢管混凝土钢管的截面面积;

f_{sd}——钢管的抗拉强度设计值;

A_c——钢管内混凝土的截面面积;

f_{cd}——钢管内混凝土的轴心抗压强度设计值。

条文说明

卷制钢管的壁厚大于16mm时,厚板效应使卷制钢管更容易凸显钢材固有缺陷,降低钢材强度;同时,壁厚大于16mm的钢管直径一般较大,而大直径钢管混凝土的约束效应差、影响因素多。根据试验成果,取钢管混凝土组合抗压强度设计值的修正系数为0.96。

5.4.7 钢管混凝土组合弹性模量取值:

1 组合弹性轴压模量 E_{sc}。当 $T \leqslant 16mm$ 时,E_{sc} 应按表5.4.7-1取值;当 $T > 16mm$ 时,E_{sc} 应按表5.4.7-1取值乘以0.96后确定。

表5.4.7-1 组合弹性轴压模量 E_{sc} ($\times 10^4 MPa$)

钢材牌号		Q235		Q345						Q390(Q420)				
混凝土强度等级		C30	C40	C30	C40	C50	C60	C70	C80	C30	C40	C50	C60	C70	C80
a_s	0.04	2.89	3.57	2.54	3.06	3.50	3.98	4.45	4.89	2.47	2.95	3.36	3.81	4.24	4.65
	0.05	3.11	3.79	2.78	3.31	3.74	4.22	4.69	5.14	2.72	3.21	3.62	4.06	4.49	4.91
	0.06	3.32	4.00	3.02	3.55	3.99	4.46	4.93	5.38	2.98	3.46	3.87	4.31	4.75	5.16
	0.07	3.53	4.21	3.26	3.79	4.23	4.70	5.17	5.62	3.23	3.71	4.12	4.57	5.00	5.41
	0.08	3.75	4.43	3.50	4.03	4.47	4.95	5.42	5.86	3.48	3.97	4.38	4.82	5.25	5.67
	0.09	3.96	4.64	3.75	4.27	4.71	5.19	5.66	6.10	3.73	4.22	4.63	5.07	5.51	5.92
	0.10	4.17	4.85	3.99	4.51	4.95	5.43	5.90	6.35	3.99	4.47	4.88	5.32	5.76	6.17
	0.11	4.39	5.07	4.23	4.76	5.19	5.67	6.14	6.59	4.24	4.73	5.14	5.58	6.01	6.43
	0.12	4.60	5.28	4.47	5.00	5.44	5.91	6.38	6.83	4.49	4.98	5.39	5.83	6.27	6.68

续上表

钢材牌号	Q235		Q345					Q390(Q420)				
混凝土强度等级	C30	C40	C30	C40	C50	C60	C70	C80	C30	C40	C50	C60	C70	C80
a_s 0.13	4.81	5.49	4.71	5.24	5.68	6.15	6.62	7.07	4.75	5.23	5.64	6.08	6.52	6.93
0.14	5.03	5.71	4.95	5.48	5.92	6.40	6.87	7.31	5.00	5.48	5.89	6.34	6.77	7.19
0.15	5.24	5.92	5.19	5.72	6.16	6.64	7.11	7.55	5.25	5.74	6.15	6.59	7.03	7.44
0.16	5.45	6.13	5.44	5.96	6.40	6.88	7.35	7.80	5.50	5.99	6.40	6.84	7.28	7.69
0.17	5.67	6.35	5.68	6.21	6.64	7.12	7.59	8.04	5.76	6.24	6.65	7.10	7.53	7.95
0.18	5.88	6.56	5.92	6.45	6.89	7.36	7.83	8.28	6.01	6.50	6.91	7.35	7.79	8.20
0.19	6.10	6.78	6.16	6.69	7.13	7.60	8.07	8.52	6.26	6.75	7.16	7.60	8.04	8.45
0.20	6.31	6.99	6.40	6.93	7.37	7.85	8.32	8.76	6.52	7.00	7.41	7.86	8.29	8.71

注:当含钢率 a_s 为中间值时,E_{sc} 采用插入法求得。

2 受拉钢管混凝土组合弹性模量修正系数 K_{sc},应按表5.4.7-2取值。

表5.4.7-2 受拉钢管混凝土组合弹性模量修正系数 K_{sc}

混凝土强度等级	C30	C40	C50	C60	C70	C80
K_{sc}	1.14	1.05	0.99	0.95	0.90	0.85

3 受拉钢管混凝土组合弹性模量的取值为组合弹性轴压模量 E_{sc} 与受拉钢管混凝土组合弹性模量修正系数 K_{sc} 的乘积。

5.4.8 钢管混凝土组合抗剪强度设计值 τ_{sc} 应按式(5.4.8-1)和式(5.4.8-2)计算。

当主管壁厚 $T \leqslant 16mm$ 时:

$$\tau_{sc} = (0.422 + 0.313 a_s^{2.33}) \xi_0^{0.134} f_{sc} \quad (5.4.8-1)$$

当主管壁厚 $T > 16\text{mm}$ 时：

$$\tau_{sc} = 0.96 \times (0.422 + 0.313 a_s^{2.33}) \xi_0^{0.134} f_{sc} \quad (5.4.8\text{-}2)$$

式中：τ_{sc}——钢管混凝土组合抗剪强度设计值；

a_s——钢管混凝土截面的含钢率；

ξ_0——钢管混凝土的约束效应系数设计值；

f_{sc}——钢管混凝土组合轴心抗压强度设计值。

5.4.9 钢管混凝土剪切模量应采用组合弹性剪切模量 G_{sc}。当 $T \leqslant 16\text{mm}$ 时，G_{sc} 应按表 5.4.9 取值；当 $T > 16\text{mm}$ 时，G_{sc} 应按表 5.4.9 取值乘以 0.96 后确定。

表 5.4.9 组合弹性剪切模量 G_{sc}（$\times 10^4 \text{MPa}$）

钢材牌号		Q235		Q345						Q390(Q420)					
混凝土强度等级		C30	C40	C30	C40	C50	C60	C70	C80	C30	C40	C50	C60	C70	C80
a_s	0.04	0.86	1.01	0.80	0.91	1.01	1.11	1.20	1.29	0.78	0.89	0.97	1.07	1.16	1.24
	0.05	0.95	1.10	0.89	1.01	1.10	1.21	1.30	1.39	0.88	0.99	1.07	1.16	1.26	1.34
	0.06	1.04	1.19	0.99	1.11	1.20	1.30	1.40	1.49	0.98	1.08	1.17	1.26	1.35	1.43
	0.07	1.13	1.28	1.09	1.21	1.30	1.40	1.50	1.59	1.08	1.18	1.26	1.35	1.44	1.53
	0.08	1.22	1.37	1.19	1.30	1.39	1.49	1.59	1.68	1.18	1.28	1.36	1.45	1.54	1.62
	0.09	1.32	1.46	1.29	1.40	1.49	1.59	1.68	1.77	1.28	1.37	1.45	1.54	1.63	1.71
	0.10	1.41	1.55	1.39	1.50	1.58	1.68	1.78	1.87	1.37	1.47	1.54	1.63	1.72	1.80
	0.11	1.50	1.64	1.49	1.59	1.68	1.77	1.87	1.96	1.47	1.56	1.63	1.72	1.80	1.88
	0.12	1.59	1.73	1.59	1.69	1.77	1.87	1.96	2.05	1.57	1.65	1.73	1.81	1.89	1.97
	0.13	1.69	1.82	1.69	1.79	1.87	1.96	2.05	2.14	1.67	1.75	1.82	1.90	1.98	2.06

续上表

钢材牌号		Q235		Q345						Q390(Q420)					
混凝土强度等级		C30	C40	C30	C40	C50	C60	C70	C80	C30	C40	C50	C60	C70	C80
a_s	0.14	1.78	1.92	1.79	1.89	1.96	2.06	2.15	2.23	1.77	1.84	1.91	1.99	2.07	2.14
	0.15	1.88	2.01	1.90	1.98	2.06	2.15	2.24	2.32	1.86	1.93	2.00	2.08	2.15	2.23
	0.16	1.97	2.10	2.00	2.08	2.16	2.24	2.33	2.41	1.96	2.03	2.09	2.16	2.24	2.31
	0.17	2.07	2.20	2.10	2.18	2.25	2.34	2.42	2.51	2.06	2.12	2.18	2.25	2.32	2.40
	0.18	2.17	2.29	2.21	2.28	2.35	2.43	2.52	2.60	2.15	2.21	2.27	2.34	2.41	2.48
	0.19	2.27	2.39	2.31	2.38	2.45	2.53	2.61	2.69	2.25	2.30	2.36	2.43	2.49	2.56
	0.20	2.37	2.49	2.41	2.48	2.55	2.62	2.71	2.78	2.35	2.40	2.45	2.51	2.58	2.65

注：当含钢率 a_s 为中间值时，G_{sc} 采用插入法求得。

5.4.10 钢管混凝土的线膨胀系数 α 应取 1.2×10^{-5}。

条文说明

钢管混凝土的钢管外表面直接暴露于大气中，且钢管内混凝土对钢管的轴向约束较小，因此，选用钢材的线膨胀系数作为钢管混凝土的取值。

6 计算基本规定

6.1 一般规定

6.1.1 本章计算基本规定的要求适用于梁桥中的钢管混凝土构件,非钢管混凝土构件的计算应按照相应构件对应的规范要求执行。

6.1.2 钢管混凝土梁桥应进行强度、刚度、稳定性验算和动力性能分析。

1 钢管混凝土梁桥应采用静力方法计算主梁、墩(塔)的内力和累计变形。

2 钢管混凝土桁式主梁应对主梁主管、支管、桥面板进行强度和刚度验算。

3 钢管混凝土桁式墩(塔)应对桁式墩(塔)单肢和组合受压构件进行强度、刚度和稳定性验算。

4 钢管混凝土组合墩(塔)应对施工过程的钢管混凝土主管桁式结构、组合受压构件进行强度、刚度和稳定性验算。

5 钢管混凝土混合墩(塔)应对施工过程的钢管混凝土主管

桁式结构、组合受压构件进行强度、刚度和稳定性验算,并对组合过渡接头进行局部内力分析。

6 钢管混凝土梁桥应建立全桥整体空间模型分析稳定性与动力特性,模型应包括主梁、墩(塔)和桥面梁(板)等全桥各构件。

7 当桥墩高度大于80m、索塔高度大于120m时,还应计入材料、几何非线性影响。钢管混凝土的本构关系应按附录B执行。

条文说明

桥墩高度大于80m、索塔高度大于120m的钢管混凝土梁桥,材料、几何非线性对强度、刚度、稳定性和动力性能影响显著,不容忽视。

6.1.3 钢管混凝土梁桥的结构分析(静力、稳定、动力),可采用平面或空间有限元法。

6.1.4 钢管混凝土梁桥的桁式主梁和桁式墩(塔)宜采用梁单元计算;组合墩(塔)宜按钢筋混凝土箱形截面梁单元计算;桥面板(梁)宜采用梁单元或板单元计算。

6.1.5 钢管混凝土梁桥的桁式结构计算简化模型中,支管与主管、支管与桥面板应采用刚性节点连接。

6.1.6 钢管混凝土桁式主梁、桁式墩(塔)、组合墩(塔)及混合墩(塔)的几何尺寸、主管和支管规格等构造参数应通过优化分析确定。

6.1.7 钢管混凝土梁桥的钢管混凝土构件,其承载力计算应计入钢管初应力和混凝土脱空的影响。

6.1.8 钢管混凝土桁式结构中,拉、压交替作用下的钢管混凝土构件应按受拉钢管混凝土构件进行验算。

6.1.9 钢管混凝土桁式结构构件的计算长度可按下列方法确定:
  1 主管在主桁平面内的计算长度为主桁节间长度;
  2 主管在主桁平面外的计算长度为侧向支撑点的间距;
  3 支管在任意平面的计算长度为0.75倍支管长度。

6.1.10 等截面钢管混凝土墩(塔)的计算长度宜按表6.1.10取值,对于复杂边界条件或变截面可采用有限元方法计算。

表6.1.10 钢管混凝土墩(塔)的计算长度

边界条件	计算长度	附注
两端固定	$l_0 = 0.5L_0$	
一端固定、另一端自由	$l_0 = 2.0L_0$	L_0——墩(塔)有效约束间的长度
一端固定、另一端简支	$l_0 = 0.7L_0$	

6.2 作用及作用效应组合

6.2.1 有关作用的分类、组合及结构重要性系数,应符合《公路桥涵设计通用规范》(JTG D60)的规定。

6.2.2 钢管混凝土梁桥的车辆荷载冲击系数μ,应按式(6.2.2-1)和式(6.2.2-2)计算。当计算结果$\mu<0.05$时,取$\mu=0.05$。

简支梁或连续梁:

$$\mu = \frac{28}{40+L} \quad (6.2.2\text{-}1)$$

斜拉桥或悬索桥:

$$\mu = \frac{22}{40+L} \quad (6.2.2\text{-}2)$$

式中:L——计算简支梁或连续梁时,L指桥梁的跨径(m);计算斜拉桥或悬索桥钢管混凝土主梁时,L指拉索或吊索的间距(m);计算钢管混凝土墩(塔)时,L指钢管混凝土墩(塔)的高度(m)。

条文说明

钢管混凝土桥梁为轻质高强的轻型结构,其车辆荷载冲击响应度较高,结合实桥测试数据和不同桥型不同结构部位的特点,参照《公路桥涵设计通用规范》(JTG D60)相应要求,制定了钢管混凝土梁桥的车辆荷载冲击系数计算方法。

6.2.3 地震效应的计算应符合《公路桥梁抗震设计细则》(JTG/T B02-01)的规定。

6.2.4 计算体系温差引起的效应时,宜按当地极端最高和最低温度确定。当桥位缺乏实际调查温度资料时,按《公路桥涵设计通用规范》(JTG D60)表4.3.12-2取值。

6.2.5 计算单管截面的温差效应时,可采用图6.2.5a)的温度梯度曲线;计算桁式主梁、桁式墩(塔)、组合墩(塔)或混合墩(塔)截面的温差效应时,可采用图6.2.5b)的温度梯度曲线。温度T_1、T_2应按表6.2.5取值。

条文说明

结合相关规范对温度梯度的规定,桁式主梁、桁式墩(塔)、组合墩(塔)或混合墩(塔)因温度梯度而导致的主管温差按5~8℃计算。

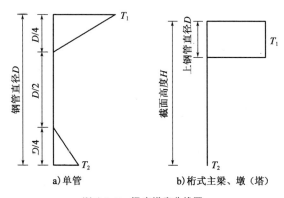

图 6.2.5 温度梯度曲线图

表 6.2.5 温度 T_1、T_2 (℃)

钢管表面涂层	单 管		桁式结构	
	T_1	T_2	T_1	T_2
深色(红色、灰色等)	12	6	8	0
浅色(白色、银白色等)	8	6	5	0

6.2.6 钢管混凝土梁桥风荷载计算应按《公路桥涵设计通用规范》(JTG D60)和《公路桥梁抗风设计规范》(JTG/T D60-01)执行。

6.2.7 钢管混凝土梁桥的徐变内力及变形计算时,徐变系数可按附录 A 计算,或按照降温 15℃ 计算徐变影响。

条文说明

钢管内混凝土的收缩对内力的影响已在钢管混凝土脱空折减

系数中计入,因此不再计算。根据不同试验研究和实桥测试成果,本规程提出的按钢管混凝土构件降温15℃计算徐变影响,与按附录A计算结果相当。

6.3 施 工 计 算

6.3.1 按设计的施工过程,应对各阶段所形成的结构体系进行内力、稳定和抗风性能分析,并应验算体系中构件的强度、刚度、稳定性能和抗风性能。

6.3.2 钢管混凝土施工计算时,应按钢管节段安装、管内混凝土灌注的加载程序计算钢管混凝土形成阶段的累计内力和变形,形成钢管混凝土后的施工加载内力和变形应按容限脱空钢管混凝土统一理论计算;桥梁施工全过程的钢管混凝土的内力和变形,应按钢管混凝土形成前后的累计内力和变形叠加。

6.3.3 桁式主梁应按施工全过程计算的累计变形量与活载变形量的总和设置预拱度。桁式主梁、桁式墩(塔)、组合墩(塔)、混合墩(塔)的主管最大初应力应不大于 $0.65f_{sd}$。

6.3.4 管内混凝土灌注顺序和组合结构的形成,应遵循对称、均衡的原则,通过计算优化确定;施工本阶段主管内混凝土达到设计强度,且龄期应大于4d后,才能开展下阶段施工。

6.4 计算限值要求

6.4.1 钢管混凝土桁式主梁,受拉钢管混凝土(含受拉支管)强度验算时,钢管累计应力不得超过$0.45f_y$;受压钢管混凝土强度验算时,钢管累计应力不得超过$0.6f_y$。钢管混凝土桁式主梁上缘采用钢管混凝土主管外包混凝土的桥面板时,钢管混凝土主管强度验算时,钢管累计应力不得超过$0.8f_y$。

6.4.2 钢管混凝土桁式墩(塔),受压钢管混凝土强度验算时,钢管累计应力不得超过$0.6f_y$。

6.4.3 钢管混凝土组合墩(塔),钢管混凝土主管强度验算时,钢管累计应力不得超过$0.8f_y$。

6.4.4 钢管及钢管混凝土焊接接头的剪应力不得超过$0.65f_{vd}$。

7 承载能力极限状态计算

7.1 一般规定

7.1.1 钢管混凝土桁式主梁应进行单管构件承载力验算；钢管混凝土桁式墩(塔)应分别进行单管构件和组合受压构件承载力验算；钢管混凝土组合墩(塔)应进行组合受压构件承载力验算；钢管混凝土混合墩(塔)应进行单管构件和组合受压构件承载力验算。

条文说明

钢管混凝土混合墩(塔)桁式段采用钢管混凝土桁式墩(塔)的计算方法，组合段采用钢管混凝土组合墩(塔)的计算方法。

7.1.2 承载能力极限状态计算时，钢管混凝土梁桥的安全等级应为一级。

7.1.3 钢管混凝土梁桥构件承载能力极限状态计算应按式(7.1.3)进行。

$$\gamma S \leqslant R \quad (7.1.3)$$

式中：S——作用效应的组合设计值；

R——构件承载力设计值；

γ——桥梁结构的重要性系数或抗震调整系数。不计地震荷载时，该值为桥梁结构的重要性系数，取 $\gamma = 1.1$。计地震荷载时，该值为抗震调整系数，即取 $\gamma = \gamma_e$，γ_e 按表7.1.3采用。

表7.1.3 抗震调整系数 γ_e

构件名称	桁式主梁	桁式墩(塔)、组合墩(塔)、混合墩(塔)	节点与接头
γ_e	0.75	0.80	0.85

注：当仅计算竖向地震作用时，抗震调整系数 γ_e 取 1.0。

条文说明

通过试验研究、结合相关规范，地震作用时，应根据结构各部位的易损性确定抗震调整系数的取值。

7.2 单管受压构件

7.2.1 钢管混凝土轴心受压构件，其轴心受压承载力应按式(7.2.1)验算。

$$\gamma N_d \leqslant \varphi_l K_p K_d f_{sc} A_{sc} \qquad (7.2.1)$$

式中：γ——桥梁结构的重要性系数或抗震调整系数，按本规程第7.1.3条取值；

N_d——轴心受压构件轴向力设计值；

φ_l——单管钢管混凝土构件长细比折减系数，按本规程第7.2.4条计算；

K_p——钢管初应力折减系数，按本规程第7.2.6条计算；

K_d——钢管混凝土脱空折减系数，按本规程第7.2.7条取值；

f_{sc}——钢管混凝土组合轴心抗压强度设计值，按本规程第5.4.6条计算；

A_{sc}——钢管混凝土组合截面面积。

7.2.2 钢管混凝土偏心受压构件，其偏心受压承载力应按式(7.2.2)验算。

$$\gamma N_d \leqslant \varphi \varphi_l \varphi_e K_p K_d f_{sc} A_{sc} \qquad (7.2.2)$$

式中：γ——桥梁结构的重要性系数或抗震调整系数，按本规程第7.1.3条取值；

N_d——偏心受压构件轴向力设计值；

φ——弯矩增大折减系数，按本规程第7.2.3条计算；

φ_l——单管钢管混凝土构件长细比折减系数，按本规程第7.2.4条计算；

φ_e——单管钢管混凝土构件偏心距折减系数，按本规程第7.2.5条计算；

K_p——钢管初应力折减系数，按本规程第7.2.6条计算；

K_d——钢管混凝土脱空折减系数,按本规程第7.2.7条取值;

f_{sc}——钢管混凝土组合轴心抗压强度设计值,按本规程第5.4.6条计算;

A_{sc}——钢管混凝土组合截面面积。

7.2.3 钢管混凝土梁桥负弯矩区段的主桁梁,其下缘钢管混凝土主管的受压承载能力验算应计入弯矩增大折减系数 φ;φ 按式(7.2.3-1)计算。

$$\varphi = \frac{1 - N_d/N_{cr}}{1 + 0.03 N_d/N_{cr}} \quad (7.2.3-1)$$

式中:N_d——下缘钢管混凝土主管计算截面处的轴向力设计值;

N_{cr}——下缘钢管混凝土主管计算截面处的欧拉临界力,按式(7.2.3-2)计算;

$$N_{cr} = \pi^2 E_{sc} A_{sc} / \lambda^2 \quad (7.2.3-2)$$

λ——下缘钢管混凝土主管计算截面处的长细比,按式(7.2.3-3)计算;

$$\lambda = S_0 / i \quad (7.2.3-3)$$

i——下缘钢管混凝土主管计算截面处的回转半径,按式(7.2.3-4)计算;

$$i = \sqrt{I_{sc}/A_{sc}} \quad (7.2.3-4)$$

S_0——节间长度。

条文说明

简支体系的主桁梁由于没有负弯矩区段,下缘钢管混凝土主管不出现受压状况,故无须计入弯矩增大折减系数。

7.2.4 钢管混凝土单管受压构件长细比折减系数 φ_l,按式(7.2.4-1)和式(7.2.4-2)计算。

$l_0/D > 4$ 时:
$$\varphi_l = 1 - 0.115\sqrt{l_0/D - 4} \qquad (7.2.4\text{-}1)$$

$l_0/D \leqslant 4$ 时:
$$\varphi_l = 1 \qquad (7.2.4\text{-}2)$$

式中:l_0——单管受压钢管混凝土构件的计算长度,按本规程第6.1.9条取值;

　　　D——单管受压钢管混凝土构件的外径。

7.2.5 钢管混凝土单管受压构件偏心距折减系数 φ_e,按式(7.2.5-1)和式(7.2.5-2)计算。

$e_0/r_c \leqslant 1.55$ 时:
$$\varphi_e = \frac{1}{1 + 1.85 e_0/r_c} \qquad (7.2.5\text{-}1)$$

$e_0/r_c > 1.55$ 时:
$$\varphi_e = \frac{0.4}{e_0/r_c} \qquad (7.2.5\text{-}2)$$

式中：e_0——单管受压钢管混凝土构件的偏心距，按 $e_0 = M_d/N_d$ 计算；

M_d——偏心受压构件轴向力设计值对应的弯矩值；

r_c——钢管内混凝土截面的半径。

7.2.6 钢管混凝土受压构件钢管初应力折减系数 K_p，按式(7.2.6-1)计算。

$$K_p = 1.0 - 0.15\omega \quad (7.2.6\text{-}1)$$

式中：ω——钢管初应力度，按式(7.2.6-2)计算，ω 应不超过 0.65；

$$\omega = \frac{\sigma_0}{f_{sd}} \quad (7.2.6\text{-}2)$$

σ_0——钢管初应力，取钢管截面初应力的最大值；

f_{sd}——钢材的强度设计值。

条文说明

四川省交通运输厅公路规划勘察设计研究院、福州大学、清华大学、重庆交通大学等单位，关于钢管初应力对钢管混凝土承载能力影响的研究取得了系列成果。研究表明，稳定折减系数、偏心距、桁式结构形式、构件长细比、含钢率和管内混凝土强度等级等因素，将综合影响钢管初应力对钢管混凝土承载能力。因此，各研究团队分别提出了钢管初应力对钢管混凝土构件承载能力影响的计算公式。

因钢管内混凝土对钢管的支撑作用,钢管壁的局部和整体稳定性提高,稳定折减系数较大;而钢管初应力水平较低,钢管不容易出现失稳,初应力度计算式可以不计稳定折减系数。桁式结构形式、构件长细比、含钢率、管内混凝土强度等级等因素,对初应力影响较小,初应力度计算式不予考虑。

当钢管最大初应力度超过 0.65 时,对钢管混凝土承载能力及变形影响较大,特对钢管初应力度提出限制值。

7.2.7 钢管混凝土构件承载能力极限状态验算时,应计入钢管内混凝土脱空影响,脱空折减系数 K_d 取值 0.95,并应符合下列要求:

1 当钢管混凝土球冠型脱空率大于 0.6%,或脱空高度大于 5mm 时,应对钢管内混凝土脱空缺陷进行修补灌注;

2 钢管混凝土构件不得出现周边均匀型脱空的缺陷。

条文说明

钢管混凝土构件常见的脱空形式主要有球冠型和周边均匀型脱空,钢管混凝土梁桥管内混凝土脱空类型主要为球冠型,如图 7.2.7 所示。为简化计算,Ⅰ类、Ⅱ类球冠型脱空面积均按Ⅰ类球冠型计算。

试验研究表明,当脱空率大于 0.6% 时,核心混凝土支撑钢管的作用减弱,对钢管混凝土承载能力和刚度影响较大,应补充灌注脱空缺陷。对于钢管混凝土脱空率小于0.6%，但钢管混凝土脱空高度 h 大于5mm时，具备补充灌注脱空缺陷的工艺条件，因此，还规定了脱空高度限值。

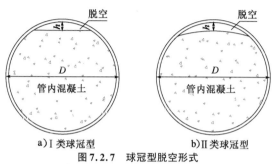

a) Ⅰ类球冠型　　　b) Ⅱ类球冠型
图7.2.7　球冠型脱空形式

7.3 单管受拉构件

7.3.1 钢管混凝土轴心受拉构件，其轴心受拉承载力应按式(7.3.1)验算。

$$\gamma N_\mathrm{d} \leqslant \frac{1}{n_\mathrm{s}} K_\mathrm{d} f_\mathrm{s} A_\mathrm{sc} \qquad (7.3.1)$$

式中：γ——桥梁结构的重要性系数或抗震调整系数，按本规程第 7.1.3 条取值；

N_d——轴心受拉构件轴向力设计值；

n_s——钢与钢管混凝土组合材料弹性模量比值，$n_\mathrm{s} = \dfrac{E_\mathrm{s}}{K_\mathrm{sc} E_\mathrm{sc}}$；

K_sc——受拉钢管混凝土组合弹性模量修正系数，按本规程

第5.4.7条取值；

E_{sc}——钢管混凝土组合弹性轴压模量，按本规程第5.4.7条取值；

K_d——钢管混凝土脱空折减系数，按本规程第7.2.7条取值；

f_s——钢管混凝土轴心受拉构件钢管的强度设计值，取$f_s = 0.45f_y$；

A_{sc}——钢管混凝土组合截面面积。

7.3.2 钢管混凝土拉弯构件，其拉弯承载力应按式(7.3.2-1)验算。

$$\gamma N_d \leqslant \frac{1}{n_s}\varphi_e K_d f_s A_{sc} \qquad (7.3.2-1)$$

式中：γ——桥梁结构的重要性系数或抗震调整系数，按本规程第7.1.3条取值；

N_d——拉弯构件轴向力设计值；

n_s——钢与钢管混凝土组合材料弹性模量比值，$n_s = \dfrac{E_s}{K_{sc} E_{sc}}$；

K_{sc}——受拉钢管混凝土组合弹性模量修正系数，按本规程第5.4.7条取值；

E_{sc}——钢管混凝土组合弹性轴压模量，按本规程第5.4.7条取值；

φ_e——拉弯钢管混凝土构件偏心距折减系数，按式(7.3.2-2)

计算；

$$\varphi_e = \frac{1}{1 + 4e_0/r} \quad (7.3.2\text{-}2)$$

e_0——单管受拉钢管混凝土构件的偏心距，按 $e_0 = M_d/N_d$ 计算；

M_d——拉弯构件轴向力设计值对应的弯矩值；

r——钢管混凝土截面的半径；

K_d——钢管混凝土脱空折减系数，按本规程第7.2.7条取值；

f_s——钢管混凝土拉弯构件钢管的强度设计值，取 $f_s = 0.45f_y$；

A_{sc}——钢管混凝土组合截面面积。

条文说明

四川省交通运输厅公路规划勘察设计研究院近6年三批次的模型试验和实桥测试研究表明，拉弯钢管混凝土受载全过程，由于钢管的约束和支撑，在达到极限承载力前钢管与钢管内混凝土在弹性受载范围内的变形是总体一致、协调和同步的，钢管内混凝土是共同工作的组合材料。

根据钢管混凝土梁桥实桥测试和相关试验数据，分析拉弯钢管混凝土工作的力学行为，提出了拉弯钢管混凝土的容限脱空统一理论，基于可靠度理论、数学物理模型推导了钢管混凝土拉弯构件的承载力计算方法。

当受拉钢管混凝土构件管内设置预应力钢束时，计算构件承载力可考虑预应力钢束的作用。

7.4 单管受剪构件

7.4.1 钢管混凝土构件,其抗剪承载力应按公式(7.4.1)验算。
$$\gamma V_d \leqslant \gamma_v A_{sc} \tau_{sc} \tag{7.4.1}$$
式中:γ——桥梁结构的重要性系数或抗震调整系数,按本规程第7.1.3条取值;

V_d——组合截面剪力设计值;

γ_v——截面抗剪修正系数,当$\xi \geqslant 0.85$时,$\gamma_v = 0.85$;当$\xi < 0.85$时,$\gamma_v = 1.0$;

A_{sc}——钢管混凝土组合截面面积;

τ_{sc}——钢管混凝土组合抗剪强度设计值,按本规程第5.4.8条计算。

7.5 组合受压构件

7.5.1 桁式墩(塔)组合受压构件,其轴心受压承载力应按式(7.5.1)验算。
$$\gamma N_d \leqslant \varphi'_l \sum (K_p^i K_d f_{sc} A_{sc}) \tag{7.5.1}$$

式中：γ——桥梁结构的重要性系数或抗震调整系数，按本规程第7.1.3条取值；

N_d——组合受压构件轴向力设计值；

φ'_l——组合受压构件长细比折减系数，按本规程第7.5.3条计算；

K_p^i——单肢钢管的最大初应力折减系数，按本规程第7.2.6条计算；

K_d——单肢钢管混凝土脱空折减系数，按本规程第7.2.7条取值；

f_{sc}——单管钢管混凝土组合轴心抗压强度设计值，按本规程第5.4.6条计算；

A_{sc}——单管钢管混凝土组合截面面积。

7.5.2 桁式墩（塔）组合受压构件，其偏心受压承载力应按式(7.5.2)验算。

$$\gamma N_d \leq \varphi'_l \varphi'_e \sum (K_p^i K_d f_{sc} A_{sc}) \qquad (7.5.2)$$

式中：γ——桥梁结构的重要性系数或抗震调整系数，按本规程第7.1.3条取值；

N_d——组合偏心受压构件轴向力设计值；

φ'_l——组合偏心受压构件长细比折减系数，按本规程第7.5.3条计算；

φ'_e——组合偏心受压构件偏心距折减系数,按本规程第 7.5.4 条计算;

K_p^i——单肢钢管的最大初应力折减系数,按本规程第 7.2.6 条计算;

K_d——单肢钢管混凝土脱空折减系数,按本规程第 7.2.7 条取值;

f_{sc}——单管钢管混凝土组合轴心抗压强度设计值,按本规程第 5.4.6 条计算;

A_{sc}——单管钢管混凝土组合截面面积。

7.5.3 钢管混凝土梁桥的桁式墩(塔),其钢管混凝土组合构件承载能力验算应计入整体长细比折减系数 φ'_l,按式(7.5.3-1)和式(7.5.3-2)计算。

$\lambda_n \leqslant 1.5$ 时:
$$\varphi'_l = 0.658^{\lambda_n^2} \quad (7.5.3\text{-}1)$$

$\lambda_n > 1.5$ 时:
$$\varphi'_l = \frac{0.877}{\lambda_n^2} \quad (7.5.3\text{-}2)$$

式中:λ_n——桁式墩(塔)的相对长细比,按式(7.5.3-3)计算;

$$\lambda_n = \frac{\lambda^*}{\pi} \sqrt{\frac{f_y A_s + f_{ck} A_c + A_c \sqrt{a_s f_y f_{ck}}}{E_s A_s + E_c A_c}} \quad (7.5.3\text{-}3)$$

λ^*——桁式墩(塔)的换算长细比,按式(7.5.3-4)计算;

$$\lambda^* = K'\lambda_y \quad \text{或} \quad \lambda^* = K'\lambda_x \qquad (7.5.3\text{-}4)$$

K'——换算长细比修正系数,按式(7.5.3-5)计算;

$$K' = \begin{cases} 1.1K & K\lambda \leqslant 40 \\ K\sqrt{1 + \dfrac{300}{(K\lambda)^2}} & K\lambda > 40 \end{cases} \qquad (7.5.3\text{-}5)$$

K——换算长细比系数,按式(7.5.3-6)计算;

$$K = \sqrt{1 + \delta} \qquad (7.5.3\text{-}6)$$

δ——柔度系数,按式(7.5.3-7)计算;

$$\delta = \begin{cases} \dfrac{E_s I_s + E_c I_c}{l_1^2 (E_s A_d)} \left(2.83 + \dfrac{1}{A_b}\right) & \delta \leqslant 0.5 \\ 0.5 & \delta > 0.5 \end{cases} \qquad (7.5.3\text{-}7)$$

I_s——钢管截面惯性矩;

I_c——混凝土截面惯性矩;

A_d——一个节间内各斜支管面积之和;

A_b——一个节间内各直支管面积之和,单位为 m^2;

l_1——桁式墩(塔)节间距离;

λ——桁式墩(塔)名义长细比(λ_x 或 λ_y),按式(7.5.3-8)和式(7.5.3-9)计算;

$$\lambda_x = \dfrac{l_{0x}}{\sqrt{\sum (I_{sc} + b_i^2 A_{sc}) / \sum A_{sc}}} \qquad (7.5.3\text{-}8)$$

$$\lambda_y = \dfrac{l_{0y}}{\sqrt{\sum (I_{sc} + a_i^2 A_{sc}) / \sum A_{sc}}} \qquad (7.5.3\text{-}9)$$

λ_x、λ_y——桁式墩(塔)对 X 轴和 Y 轴的长细比;

l_{0x}、l_{0y}——桁式墩(塔)对 X 轴和 Y 轴的计算长度;

a_i、b_i——单肢中心到虚轴 y-y 和 x-x 的距离(图 7.5.3)。

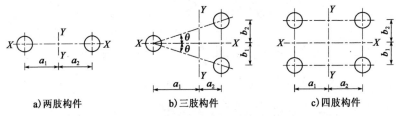

a) 两肢构件　　　b) 三肢构件　　　c) 四肢构件

图 7.5.3　桁式墩(塔)平面距离示意图

7.5.4 钢管混凝土梁桥的桁式墩(塔),其钢管混凝土组合构件承载能力验算应计入整体偏心距折减系数 φ'_e;φ'_e 按式(7.5.4-1)~式(7.5.4-3)计算。

$e_0/h \leqslant \varepsilon_b$ 时:

$$\varphi'_e = \frac{1}{1 + 2e_0/h} \qquad (7.5.4-1)$$

$e_0/h > \varepsilon_b$ 时:

$$\varphi'_e = \frac{\xi_0}{(1 + \sqrt{\xi_0} + \xi_0)(2e_0/h - 1)} \qquad (7.5.4-2)$$

$$\varepsilon_b = 0.5 + \frac{\xi_0}{1 + \sqrt{\xi_0}} \qquad (7.5.4-3)$$

式中:h——桁式墩(塔)在弯矩作用平面内的柱肢重心之间的距离;

e_0——桁式墩(塔)竖向荷载的偏心距；

ξ_0——钢管混凝土的约束效应系数设计值；

ε_b——界限偏心率。

7.5.5 组合墩(塔)受压构件,其组合截面承载力应按式(7.5.5-1)~式(7.5.5-4)验算。

$$N = N_{sc} + N_{rc} \quad (7.5.5\text{-}1)$$
$$M = M_{sc} + M_{rc} \quad (7.5.5\text{-}2)$$
$$\gamma N_d \leqslant N \quad (7.5.5\text{-}3)$$
$$\gamma N_d e \leqslant M \quad (7.5.5\text{-}4)$$
$$e = \eta e_0 \quad (7.5.5\text{-}5)$$

式中：N——组合截面的抗压承载力；

M——组合截面的抗弯承载力；

N_{sc}——钢管混凝土主管截面的轴压承载力,按本规程第7.5.6条计算；

N_{rc}——钢筋混凝土箱形截面的轴压承载力,按本规程第7.5.7条计算；

M_{sc}——钢管混凝土主管截面的抗弯承载力,按本规程第7.5.6条计算；

M_{rc}——钢筋混凝土箱形截面的抗弯承载力,按本规程第7.5.7条计算；

γ——桥梁结构的重要性系数或抗震调整系数,按本规

程第7.1.3条取值;

N_d——轴向力的组合设计值;

e——轴向力作用点至截面重心轴考虑偏心距增大系数后的距离;

η——偏心距增大系数,按本规程第7.5.8条计算;

e_0——轴向力对截面重心轴的偏心距,$e_0 = M_d/N_d$;

M_d——相应于轴向力的弯矩组合设计值。

7.5.6 钢管混凝土主管截面,其轴心受压承载力 N_{sc}、抗弯承载力 M_{sc},应根据图7.5.6分别按式(7.5.6-1)、式(7.5.6-2)计算。

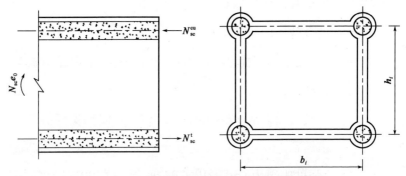

图7.5.6 组合截面正截面偏心受压承载力计算简图

$$N_{sc} = \frac{(N_{sc}^{cu} \pm N_{sc}^{t})h_i}{2e_0} \quad (7.5.6\text{-}1)$$

注:当 N_{sc}^t 为拉时取"+"号,当 N_{sc}^t 为压时取"-"号。

$$M_{sc} = N_{sc}e_0 \quad (7.5.6\text{-}2)$$

式中:N_{sc}^t——受压较小边或受拉边钢管混凝土承受的荷载,按式(7.5.6-3)计算；

$$N_{sc}^{t} = \sigma_{sc} A_{sc}^{t} \qquad (7.5.6-3)$$

N_{sc}^{cu}——受压较大边钢管混凝土的抗压承载力，按式(7.5.6-4)计算；

$$N_{sc}^{cu} = \frac{f_{cd}}{E_c} \cdot E_{sc} \cdot A_{sc}^{cu} \qquad (7.5.6-4)$$

A_{sc}^{cu}——受压较大边钢管混凝土组合截面面积；

A_{sc}^{t}——受压较小边或受拉边钢管混凝土组合截面面积；

σ_{sc}——受压较小边或受拉边钢管混凝土应力，按式(7.5.6-5)计算；

$$\sigma_{sc} = \varepsilon_{cu} E_{sc} \left(\frac{\beta_1 h_{sc}}{x} - 1 \right) \quad 且 \quad -f'_{sd} \leqslant \sigma_{sc} \leqslant f_{sd}$$

$$(7.5.6-5)$$

β_1——截面受压区矩形应力图高度与实际受压区高度的比值，应按表7.5.6取用；

ε_{cu}——截面非均匀受压时混凝土的极限压应变，当混凝土强度等级为C50及以下时，取$\varepsilon_{cu}=0.0033$；当混凝土强度等级为C80时，取$\varepsilon_{cu}=0.003$；中间强度等级采用线性插值法求得；

h_{sc}——受压较小边或受拉边钢管混凝土中心至截面顶部的距离；

h_i——钢管混凝土左右主管的中心距。

表7.5.6 系数 β_1 值

混凝土强度等级	≤C50	C55	C60	C65	C70	C75	C80
β_1	0.8	0.79	0.78	0.77	0.76	0.75	0.74

7.5.7 钢筋混凝土箱形截面应采用扣除主管截面后的净截面(图7.5.7),其轴压承载力 N_{rc},应按式(7.5.7-1)计算;其抗弯承载力 M_{rc},应按式(7.5.7-2)计算。

$$N_{rc} = f_{cd}b_{eq}x + f_{sd}A'_s - \sigma_s A_s \quad (7.5.7-1)$$

$$M_{rc} = f_{cd}b_{eq}x\left(\frac{h}{2} - \frac{x}{2}\right) + f_{sd}A'_s\left(\frac{h}{2} - a'_s\right) + \sigma_s A_s\left(\frac{h}{2} - a_s\right)$$
$$(7.5.7-2)$$

式中:h——箱形截面高度;

b_{eq}——等效矩形截面宽度,按式(7.5.7-3)计算;

$$b_{eq} = 12I/h^3 \quad (7.5.7-3)$$

I——箱形截面惯性矩;

A_s——受压较小边或受拉边纵向钢筋截面面积;

A'_s——受压区纵向钢筋截面面积;

σ_s——受拉边或受压较小边纵向钢筋应力,按式(7.5.7-4)计算;

$$\sigma_s = \varepsilon_{cu}E_s\left(\frac{\beta_1 h_0}{x} - 1\right) \quad 且 \quad -f'_{sd} \leq \sigma_s \leq f_{sd}$$
$$(7.5.7-4)$$

h_0——截面受压较大边边缘至受拉边或受压较小边纵向钢

筋合力点的距离($h_0 = h - a$)。

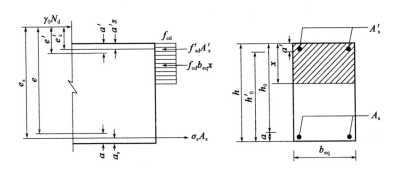

图7.5.7 等效矩形截面弯矩作用平面内正截面抗压承载力计算简图

7.5.8 钢管混凝土梁桥的组合墩(塔),其组合截面承载能力验算应计入偏心距增大系数 η,按式(7.5.8-1)计算。

$$\eta = 1 + \frac{1}{1400 e_0/h_0} \left(\frac{l_0}{h}\right)^2 \zeta_1 \zeta_2 \quad (7.5.8\text{-}1)$$

$$\zeta_1 = 0.2 + 2.7 \frac{e_0}{h_0} \leqslant 1.0 \quad (7.5.8\text{-}2)$$

$$\zeta_2 = 1.15 - 0.01 \frac{l_0}{h} \leqslant 1.0 \quad (7.5.8\text{-}3)$$

式中:l_0——组合墩(塔)的计算长度;

e_0——组合墩(塔)轴力对重心轴的偏心距;

h_0——箱形截面有效高度;

h——箱形截面高度;

ζ_1——荷载偏心率对截面曲率的影响系数;

ζ_2——构件长细比对截面曲率的影响系数。

7.6 节点承载力计算

7.6.1 主桁主管的节点承载力应按表7.6.1计算。

表7.6.1 节点承载力(支管承载力限值)

序号	节点形式	节点承载力 支管受压时	节点承载力 支管受拉时	适用范围
1	X形节点	$N_c = \dfrac{5.45}{(1-0.81\beta)\sin\theta}\phi_n T^2 f_{sd}$	$N_t = 0.78\left(\dfrac{D}{T}\right)^{0.2} N_c$	$0.2 \leqslant \beta \leqslant 1.0$ $D/T \leqslant 100$ $d/t \leqslant 60$ $\theta \geqslant 30°$
2	T形和Y形节点	$N_c = \dfrac{11.51}{\sin\theta}\left(\dfrac{D}{T}\right)^{0.2}\phi_n \phi_d T^2 f_{sd}$	当$\beta \leqslant 0.6$时 $N_t = 1.4 N_c$ 当$\beta > 0.6$时 $N_t = (2-\beta)N_c$	
3	N形和K形节点	$N_c = \dfrac{11.51}{\sin\theta_c}\left(\dfrac{D}{T}\right)^{0.2}\phi_n \phi_d \phi_a T^2 f_{sd}$	$N_t = \dfrac{\sin\theta_c}{\sin\theta_t} N_c$	

表中：N_c——支管受压时的节点承载力；

N_t——支管受拉时的节点承载力；

β——支管与主管外径之比，即$\beta = d/D$；

θ_c——受压支管轴线与主管轴线的夹角(°)；

θ_t——受拉支管轴线与主管轴线的夹角(°)；

ϕ_n——参数，按式(7.6.1-1)计算，当节点两侧或一侧主管受拉时，取$\phi_n = 1.0$；

$$\phi_n = 1 - 0.3\dfrac{\sigma}{f_y} - 0.3\left(\dfrac{\sigma}{f_y}\right)^2 \quad (7.6.1\text{-}1)$$

T——主管的壁厚；

t——支管的壁厚;

f_{sd}——钢材的强度设计值;

f_y——钢材的屈服强度;

σ——节点两侧主管轴心压应力的较小绝对值;

ϕ_d——参数,按式(7.6.1-2)和式(7.6.1-3)计算:

$\beta \leqslant 0.7$ 时 $\quad \phi_d = 0.069 + 0.93\beta \quad (7.6.1-2)$

$\beta > 0.7$ 时 $\quad \phi_d = 2\beta - 0.68 \quad (7.6.1-3)$

ϕ_a——参数,按式(7.6.1-4)计算;

$$\phi_a = 1 + \left(\frac{2.19}{1 + 7.5\frac{g}{D}}\right)\left(1 - \frac{20.1}{6.6 + \frac{D}{T}}\right)(1 - 0.77\beta)$$

$$(7.6.1-4)$$

g——两支管间的间隙;

D——主管外径。

条文说明

钢管混凝土梁桥桁式结构的代表节点形式主要为K形、T形,主管内灌注混凝土。支管与主管的连接采用相贯焊接。主管的钢管混凝土分期形成,主管内混凝土灌注前后,其节点破坏行为各不相同。对于受拉支管,主管内混凝土灌注前后,节点破坏为主管冲剪或塑性失效破坏,因此,需要控制支管内力的大小,保证节点的承载能力安全。

7.6.2 钢管混凝土梁桥的桁式主梁、桁式墩(塔)、混合墩(塔)采用钢管桁式横撑时,横撑钢管 K 形、T 形节点应按第 7.6.1 条进行承载能力验算。

7.6.3 桁式主梁和桁式墩(塔)等结构中,受压支管的径厚比应满足下列要求:

1 受压支管径厚比宜满足表 7.6.3-1 的要求。

表 7.6.3-1 受压支管径厚比限值

钢材牌号	径厚比
Q235	$d/t \leqslant 40$
Q345	$d/t \leqslant 35$
Q390(Q420)	$d/t \leqslant 25$

2 当受压支管径厚比不满足表 7.6.3-1 要求时,其承载力折减系数应按表 7.6.3-2 取值。

表 7.6.3-2 受压支管承载力折减系数

钢材牌号	径厚比						
	30	35	40	45	50	60	70
Q235	1.0	1.0	1.0	0.98	0.93	0.88	0.82
Q345	1.0	1.0	0.96	0.88	0.86	0.82	0.78
Q390(Q420)	0.98	0.88	0.85	0.78	0.76	0.73	0.70

注:当径厚比位于中间值时,承载力折减系数可采用插入法求得。

条文说明

主管灌注混凝土后,桁式主梁或桁式墩(塔)的节点承载力提高,节点破坏行为为支管压溃破坏,因此,需要控制支管的稳定承载力;为了避免支管受压破坏,需要控制受压支管的径厚比。

7.7 节点及连接疲劳验算

7.7.1 对K形管-管相贯、T形管-管相贯和管-管对接三类焊接接头的细节构造,应进行节点疲劳验算。

7.7.2 疲劳验算所采用的应力幅 $\Delta\sigma$ 应为构件在疲劳荷载作用下的名义应力 $\left(\sigma = \dfrac{N}{A} \pm \dfrac{M}{W}\right)$ 最大变化幅度,疲劳验算应按式(7.7.2)进行。

$$\Delta\sigma = |\sigma_{\max} - \sigma_{\min}| \leqslant [\sigma_0] \quad (7.7.2)$$

式中:$\Delta\sigma$——疲劳应力幅(MPa);

$[\sigma_0]$——疲劳容许应力幅(MPa),按四川省地方标准《钢管混凝土桥梁焊接节点疲劳技术规程》(DB 51/T 2515—2018)取值;

$\sigma_{\max}$、$\sigma_{\min}$——疲劳荷载作用下的最大名义应力和最小名义应力(MPa)。

7.8 局部受压构件

7.8.1 钢管混凝土轴向局部受压(图7.8.1),其轴向局部受压承载能力按式(7.8.1-1)验算。

$$N_d \leqslant K_1 N_0 \quad (7.8.1\text{-}1)$$

式中：N_d——局部作用轴向压力设计值；

K_1——钢管混凝土轴向局部受压强度折减系数，按式（7.8.1-2）计算，当K_1小于1/3时，取K_1=1/3；

$$K_1 = \sqrt{\frac{A_1}{A_c}} \quad (7.8.1\text{-}2)$$

A_1——局部受压面积；

A_c——钢管内核心混凝土截面积；

N_0——局部受压段的钢管混凝土短柱轴心受压承载力，按式（7.8.1-3）计算。

$$N_0 = f_{sc} A_{sc} \quad (7.8.1\text{-}3)$$

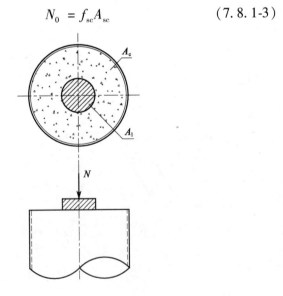

图 7.8.1 轴向局部受压计算简图

7.8.2 钢管混凝土径向局部受压(图7.8.2),其径向局部受压承载能力宜按式(7.8.2-1)验算。

$$N_d \leqslant 2f_{cd}\frac{A_1}{\sin\theta}\sqrt{\frac{A_2}{A_1}} \qquad (7.8.2\text{-}1)$$

式中:N_d——径向作用轴向压力设计值;

f_{cd}——混凝土轴心抗压强度设计值;

θ——支管与主管轴线之间的夹角;

A_1——径向受压作用处的承载面积,按式(7.8.2-2)计算;

$$A_1 = \frac{\pi d^2}{4} \qquad (7.8.2\text{-}2)$$

A_2——扩散承载面积,按式(7.8.2-3)计算。

$$A_2 = \frac{A_1}{\sin\theta} + 2dD \qquad (7.8.2\text{-}3)$$

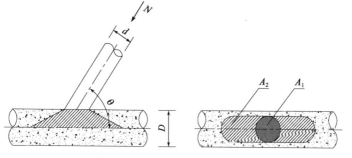

图7.8.2 径向局部受压计算简图

8 正常使用极限状态计算

8.1 一般规定

8.1.1 正常使用极限状态的计算,应采用作用的短期效应组合、长期效应组合或短期效应组合并计入长期效应组合的影响。

8.1.2 正常使用极限状态的计算,钢管及钢管混凝土构件应进行变形验算。

8.1.3 钢管及钢管混凝土的应力计算应满足下列要求：
  1 进行钢管混凝土强度验算时,钢管应力应满足本规程6.4计算限值要求的相关规定；
  2 钢管混凝土构件各种外力组合的容许应力提高系数取1.0。

8.1.4 钢管混凝土梁桥中,非钢管及钢管混凝土构件的应力、变形、裂缝等应按相关规范的规定验算。

  条文说明
  非钢管混凝土构件指型钢、钢筋混凝土、预应力钢筋混凝土等构件。

8.2 变形及预拱度设置

8.2.1 钢管混凝土桁式主梁在车道荷载(不计冲击力)作用下的最大竖向挠度(正负挠度绝对值之和)应不大于$\frac{L}{800}$。

8.2.2 钢管混凝土桁式主梁的变形应根据线弹性理论的方法计算。

8.2.3 钢管混凝土桁式主梁应设置预拱度,计算预拱度值应为恒载累计变形、钢管混凝土徐变挠度和活载挠度之和,并计入非线性影响,可按式(8.2.3)计算。

$$\delta_s = K_y \delta_j \quad (8.2.3)$$

式中:δ_s——桁式主梁设计预拱度值;

δ_j——桁式主梁计算预拱度值;

K_y——预拱度非线性修正系数,取1.20。

条文说明

在钢管混凝土梁桥计算中,钢管混凝土施工过程的弹性模量取为终极值、钢管内混凝土脱空缺陷、钢管初始应力、钢管混凝土徐变、节点塑性变形、弯曲开裂和不合理的施工加载程序等原因，往往引起计算预拱度小于实际变形。根据钢管混凝土梁桥设计、施工经验，结合研究成果，本条提出了桁式主梁预拱度非线性修正系数。

8.3 动 力 特 性

8.3.1 钢管混凝土梁桥应计算桥梁动力特性；应评估风、车、桥的耦合作用对桥梁安全性的影响。

条文说明

钢管混凝土桥梁为轻质高强的轻型结构，纵向或横向较柔，在地震、风荷载和车辆等动荷载作用下，振动明显。因此，应计算桥梁的动力特性。动力特性包括横向、竖向自振频率和振型，反映了桥梁的总体刚度。

8.3.2 专用钢管混凝土人行桥或设有人行道的钢管混凝土梁桥，宜使结构频率避开人感频率，人感频率范围可取 2.5~3.5Hz。当有可靠研究资料和桥梁具体要求时，也可由设计者自行确定人感频率范围。

9 构　造

9.1　一般规定

9.1.1　应根据桥位地形、地质、水文条件和桥梁使用要求,合理选择钢管混凝土梁桥桥型及结构形式。

9.1.2　在结构和构件满足强度、刚度和稳定性要求的前提下,应确保钢管及钢管混凝土对接接头和节点、钢-混凝土组合连接过渡区等构造满足耐久性要求。墩(塔)及基础周边应满足防冲刷、防滚石等安全需要。

9.1.3　钢管结构完整性设计宜符合下列规定:
1　完整性设计应包括强度、刚度、稳定性和耐久性等内容。
2　加工制造应建立损伤控制的原则。
　　1)　根据静力或疲劳要求选择焊缝形式,焊接应具备可操作性和可检测性;
　　2)　构造细节设计应满足传力简洁、无死角、易于安装和维护的要求;

3) 根据荷载、环境、细节等因素,应进行抗疲劳与抗断裂的损伤分析评估;

4) 根据钢管结构焊接应力、焊接变形的控制目标,确定制造和焊接工艺要求;

5) 以监测和维修钢管结构的损伤为目标,制订桥梁钢管结构的维护要求。

3 加工制造应建立损伤控制的措施。

1) 材料及焊接接头韧性和强度应采用等组配或低组配;

2) 制订焊接接头焊后处理工艺;

3) 控制焊缝数量和尺寸,禁止焊缝交叉;

4) 制订焊接接头的焊接顺序、间隙控制和预热保温等措施;

5) 严禁焊接裂纹、未熔合、夹渣、未填满弧坑和焊瘤等缺陷,咬边、气孔等缺陷不得超过相关规范要求;

6) 制订涂装工艺实施技术操作手册。

条文说明

钢管混凝土梁桥的钢管结构,从材料加工过程到服役期,不可避免地会在内部和表面发生微小损伤缺陷,在一定外部因素(荷载、温度、腐蚀等)作用下,损伤缺陷不断扩展与合并形成宏观裂纹,导致材料和结构力学性能劣化。桥梁钢管结构的完整性和损伤是相对的,损伤程度将会对结构的完整性带来影响,损伤极限则是结构的失效。损伤容限是指钢管结构在规定的使用周期内抵抗由损伤缺陷、裂纹等导致破坏的能力。钢管结构局部损伤及损伤扩展,都可能威胁桥梁安全。

桥梁钢管结构的完整性设计由荷载、材料性能、细节构造、制造工艺、安装方法、使用环境及维护方式等多种因素确定,除满足强度、刚度、稳定性要求外,还应对损伤与损伤容限提出要求。

钢管结构的损伤和发展,在材料、工艺及服役过程中的表现形式为:①材料损伤是指母材在冶炼和轧制过程中的缺陷,如非金属夹杂物,材料偏析,焊接过程会引发冷裂纹、热裂纹、层状撕裂等缺陷;②焊接接头处金属在焊接热循环作用下热影响区的母材组织发生变化导致强度增高,韧性降低,可能造成母材损伤;③焊接过程的裂纹、夹渣、未熔合、咬边等损伤及短焊缝,常会导致疲劳裂纹,缩短结构寿命;④钢管结构中贯穿板、镶嵌、隔板等细节和焊接顺序、间隙控制、预热不当等容易引起结构几何应力集中或内应力累加,极易引发钢管结构损伤;⑤钢管结构在腐蚀环境中,应力腐蚀或腐蚀疲劳会加速扩展损伤,疲劳荷载作用使早期损伤很快从无害演变为有害,导致疲劳裂纹扩展,直接威胁结构安全。

9.1.4 钢管混凝土桁式主梁的构造应符合下列规定:

1 钢管混凝土桁式主梁应由钢管混凝土主管、桥面板和支管组成,支管与主管采用全熔透焊缝连接,支管与桥面板采用带孔板(管)锚固连接。

2 钢管混凝土桁式主梁形式主要包括三角形及矩形桁式结构,其主梁截面如图9.1.4所示。

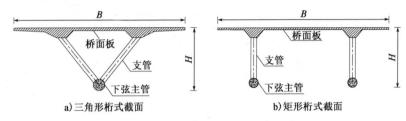

图9.1.4 钢管混凝土桁式主梁截面示意图

3 钢管混凝土简支梁桥和连续梁桥的跨径宜小于50m。当跨径大于50m时,宜采用变截面连续刚构的结构形式。

4 钢管混凝土等截面简支梁桥或连续梁桥主梁的高跨比,可取1/15~1/10,应根据桥位净空要求、设计荷载和材料等因素决定。主梁采用变截面的连续刚构桥和主梁采用等截面的斜拉桥、悬索桥,其主梁高度应根据强度、结构总体刚度及加工制造与安装要求等因素决定。

9.1.5 钢管混凝土墩(塔)如图9.1.5所示,主要形式包括桁式墩(塔)、组合墩(塔)和混合墩(塔)。

9.1.6 钢管混凝土梁桥的墩(塔)构造应符合下列规定:

1 钢管混凝土梁桥的桁式墩(塔),其截面形式宜按图9.1.6采用。

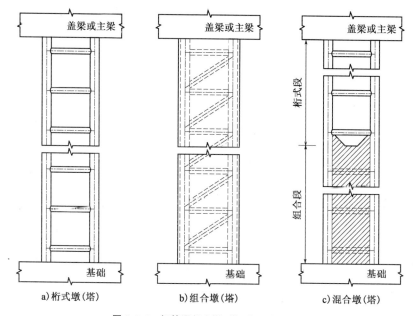

图9.1.5 钢管混凝土墩(塔)主要结构形式

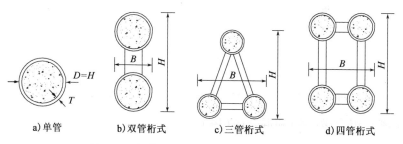

图9.1.6 钢管混凝土梁桥桁式墩(塔)截面示意图

2 钢管混凝土梁桥的组合墩(塔),应根据组合截面的外形设置钢管混凝土主管桁式结构形式,或采用钢筋混凝土腹板替代桁式墩(塔)支管,形成受力的组合截面。

3 钢管混凝土梁桥的混合墩(塔),应根据桁式墩(塔)的截面形式确定组合墩(塔)外形和钢管混凝土主管桁式结构形式。

4 钢管混凝土梁桥的墩(塔)最大高度宜符合表9.1.6的要求,对异形墩(塔)结构或Ⅳ类场地上的结构,最大高度应适当降低。

表9.1.6 钢管混凝土梁桥墩(塔)适用的最大高度(m)

结构体系	抗震设防烈度				
	<6度	6度	7度	8度	9度
桁式墩(塔)	150	110		90	50
混合墩(塔)	220	200		140	110
组合墩(塔)	260	220		200	140

5 钢管混凝土简支梁桥和连续梁桥跨度小于50m、地震烈度相对较低时,宜采用钢管混凝土桁式桥墩;钢管混凝土连续刚构桥跨度大于100m、地震烈度较高时,宜采用钢管混凝土组合桥墩。

6 斜拉桥和悬索桥的索塔高度小于100m时,可采用钢管混凝土桁式结构。

7 钢管混凝土斜拉桥和悬索桥的索塔,应设置避雷措施。

9.1.7 桥面梁(板)可采用钢筋混凝土、预应力钢筋混凝土、钢或钢-混凝土组合结构;主梁采用钢管混凝土桁式结构时,宜采用钢或钢-混凝土组合桥面梁(板);钢-混凝土组合桥面梁(板)的构造应符合附录D要求。

条文说明

钢-混凝土组合桥面板为四川省交通运输厅公路规划勘察设计研究院开发的新型组合桥面结构体系,在2006年建成通车的广东佛山东平大桥应用后,先后推广应用在城市高架桥、立交桥和特大跨梁桥等工程。实践表明,这种结构安全、适用、经济且耐久性好。

9.2 桁式主梁、桁式墩(塔)结构

9.2.1 桁式主梁、桁式墩(塔)结构由钢管混凝土主管和支管组成,主管与支管采用全熔透相贯焊缝连接。

9.2.2 钢管混凝土桁式主梁、桁式墩(塔)的构件应符合下列要求:

1 主管壁厚不宜小于支管壁厚;

2 支管与主管的相贯焊缝,应沿全周连续焊接并平滑过渡,不应将支管穿入主管内;

3 支管端部宜使用相贯线切割机切割,支管壁厚小于6mm时可不开坡口;

4 主管与支管或两支管之间的夹角 θ 不宜小于30°,一般应为30°~60°;

5 桁式结构节间间距一般应为 0.5～1.5 倍桁高。

9.2.3 钢管混凝土桁式主梁、桁式墩(塔)的节点构造几何参数宜符合以下规定：

1 支管与主管壁厚比 t/T 宜为 0.30～0.80；

2 支管与主管直径比 d/D 宜为 0.40～0.70；

3 主管径厚比 D/T 宜为 24.0～80.0。

9.2.4 钢管混凝土桁式主梁、桁式墩(塔)的斜支管构造(图9.2.4)应符合下列规定：

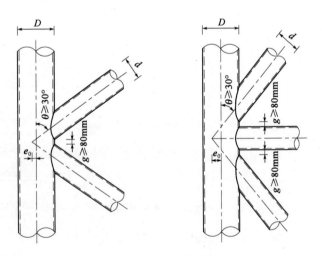

图 9.2.4 管节点构造参数

1 斜支管轴线交点与主管轴线的偏心距 e_0 不宜大于 $D/2$。

2 斜支管轴线交点与主管轴线的偏心距 e_0 大于 $D/2$ 时,应按式(9.2.4)计算偏心弯矩的影响。

$$M = \Delta N \times e_0 \qquad (9.2.4)$$

式中:M——偏心距产生的节点偏心弯矩;

ΔN——节点两侧主管轴力之差;

e_0——斜支管轴线交点与主管轴线的偏心距。

3 钢管混凝土桁式主梁、桁式墩(塔)的 K 形节点支管间的间隙 g 应不小于 80mm。

9.2.5 钢管混凝土桁式主梁、桁式墩(塔)的直支管构造应符合下列规定:

1 支管中心距离不宜大于主管中心距的 4 倍;

2 单根支管面积不宜小于单根主管面积的 1/4;

3 支管的长细比不宜大于单根主管长细比的 1/2。

9.2.6 钢管混凝土桁式主梁、桁式墩(塔)K 形、T 形节点的抗疲劳构造参数应符合以下规定:

1 主管与支管同时应满足 $d/D \geq 0.4$、$t/T \leq 0.7$、$D/T \leq 50$ 的要求;

2 支管长度与支管直径之比应不大于 40;

3 支管与主管间相贯焊接节点,不应采用加劲肋板或插入式节点板的连接形式；

　　4 相贯焊接的 K 形节点，其相贯焊缝与纵、环焊缝不得相交；

　　5 支管相贯线和坡口应采用相贯线切割机切割完成，焊接接头跟部间隙应控制在 6mm 以内；

　　6 相贯焊缝应采用全熔透焊缝形式，相贯焊缝趾部和过渡区应进行修磨。

9.2.7 钢管混凝土桁式主梁、桁式墩(塔)的钢管对接接头应符合以下规定：

　　1 钢管对接接头应采用全熔透焊缝；

　　2 钢管对接接头的外径应相同、钢管壁厚差不宜超过 6mm；

　　3 钢管对接接头不应选择十字形焊接接头；

　　4 主管直焊缝和环焊缝宜选择全自动焊接成型。

9.2.8 钢管混凝土桁式主梁、桁式墩(塔)主管与支管相贯线焊缝的趾部区和过渡区应修磨圆顺，修磨深度宜为 0.0~0.3mm。

9.2.9 钢管混凝土桁式主梁、桁式墩(塔)的横向连接撑可采用钢管桁式结构体系，其形式可采用单管、双管桁式、三角形桁式、四边形桁式和 K 形桁式等。

9.2.10 钢管混凝土桁式主梁、桁式墩(塔)的横向连接撑与主管的连接接头可采用螺栓连接、焊接连接或栓焊连接,焊接接头设计应遵循焊缝少、焊接操作性强的原则。

9.2.11 当钢管混凝土桁式主梁、桁式墩(塔)的横向连接撑刚度不能满足结构横向整体要求时,可增加横撑主管壁厚、灌注横撑主管内混凝土或增加横撑数量。

9.3 组合墩(塔)、混合墩(塔)结构

9.3.1 组合墩(塔)与混合墩(塔)的截面应符合下列要求:

1 组合墩(塔)及混合墩(塔)的组合结构部分,应采用钢管混凝土主管作为主要受力体系;

2 组合墩(塔)及混合墩(塔)的组合结构部分,其截面承载力应由钢管混凝土主管和外包钢筋混凝土共同承担;

3 钢管混凝土主管与组合截面面积之比应不小于8%;

4 钢管混凝土主管与组合截面承载力之比应不小于20%。

条文说明

钢管混凝土主管截面与组合截面面积之比和承载力之比,应选取墩(塔)钢管混凝土主管含钢率最低的节段。

9.3.2 主管外包混凝土的构造宜符合图 9.3.2 的构造示意要求。

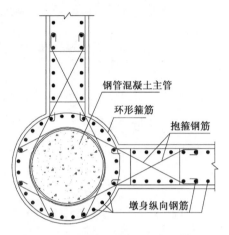

图 9.3.2 主管外包混凝土的构造示意图

9.3.3 腹板与主管连接构造宜符合图 9.3.3 的构造示意要求。

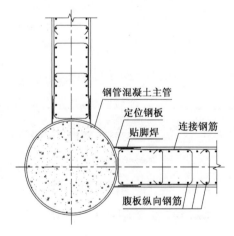

图 9.3.3 腹板与主管连接构造示意图

9.3.4 组合墩(塔)水平隔板的构造宜符合图9.3.4的构造示意要求。

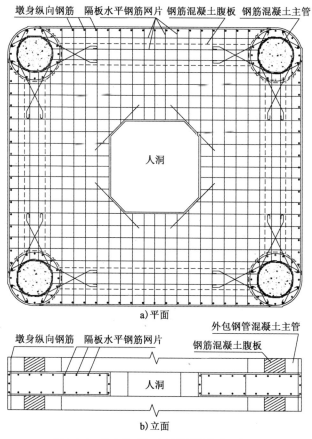

图 9.3.4 组合墩(塔)水平隔板的构造示意图

9.3.5 组合墩(塔)的钢管混凝土主管宜在水平隔板处设置环向预应力束,预应力束应符合图9.3.5的构造示意要求。

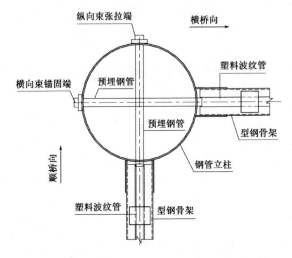

图 9.3.5 组合墩(塔)水平隔板环向预应力束构造示意图

9.3.6 组合墩(塔)与混合墩(塔)过渡连接构造宜符合图 9.3.6 的构造示意要求。

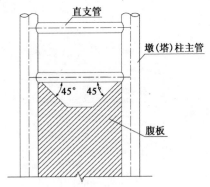

图 9.3.6 组合墩(塔)与混合墩(塔)过渡连接构造示意图

9.3.7 受压组合墩(塔)主管内混凝土强度等级宜大于C60,主管外包混凝土强度等级不宜大于C40。

9.4 钢-混过渡接头

9.4.1 钢管混凝土墩柱与混凝土盖梁及主梁连接时,伸入盖梁及主梁长度应大于1.5倍立柱主管外径,且不小于1.0m;可采用开孔钢板和预埋锚筋等形式的钢-混凝土构造连接,其构造宜符合图9.4.1的构造示意要求;桥墩主管与连续刚构主梁连接时,宜设置主管间约束的环向预应力钢束。

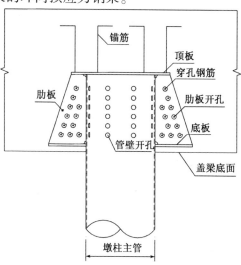

图9.4.1 墩的主管与盖梁或主梁连接示意图

条文说明

桥墩主管与连续刚构主梁连接时,宜设置主管间约束的环向预应力钢束,加强桥墩主管与主梁的锚固连接性能。

9.4.2 钢管混凝土桁式墩与钢管混凝土桁式主梁的连接构造宜符合图 9.4.2 的构造示意要求。

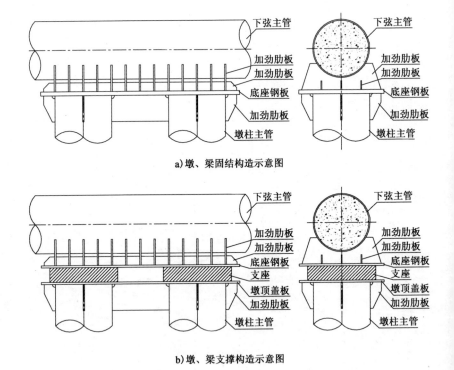

图 9.4.2 桁式墩、桁式主梁连接构造示意图

9.4.3 钢管混凝土墩(塔)的主管与基础的连接宜采用埋入式,其埋入深度应大于2倍主管外径,且不小于1.5m;在预埋段应设置分布环向钢筋、焊钉或开孔钢板等锚固构造。承压板直径(或边长)宜为1.5~2.0倍墩(塔)主管外径,厚度不宜小于25mm,承压板下应设置不少于三层钢筋网片,其构造宜符合图9.4.3的构造示意要求。

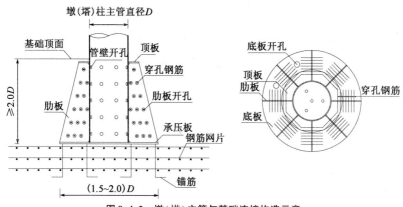

图9.4.3 墩(塔)主管与基础连接构造示意

9.5 防排水构造

9.5.1 防排水构造应在主体结构设计时综合设计,局部构造细节不得影响结构的可维护性和耐久性,并应符合环保相关规范要求。

9.5.2 主体结构上易于积水处应设置相应的泄水孔,其孔径应不小于80mm。

9.5.3 当桥面排水采用直排式时,出口排水不得腐蚀和污染钢结构;当采用汇集式时,泄水管孔径及数量应根据桥面汇水面积确定,排水口应设置于主体结构之外。汇集式的集水管与主体结构的连接,应适应桥面板(梁)、桁式墩(塔)的变形需要。跨越桥梁伸缩缝的集水管应设置伸缩装置。

9.6 检修养护设施

9.6.1 桁式主梁、桁式墩(塔)、组合墩(塔)和混合墩(塔)等主体结构,应设置检修通道。

9.6.2 检修通道应设置在桁式主梁、桁式墩(塔)、组合墩(塔)和混合墩(塔)的主管、横撑、组合构件及节点和接头处。

9.6.3 检修通道钢构件与主体结构的主管构件焊接时,其焊接工艺和质量控制应与主体结构的要求相同。

9.6.4 设计时应根据构造特点,提出桥梁检查、养护、维修的技术要求。

10 制造、安装与防腐

10.1 一般规定

10.1.1 钢结构制造、涂装应选用专业技术工人,并具有相应的资格等级。

10.1.2 钢结构制造、涂装操作人员,应根据相关规定进行现场考试,合格后佩戴上岗证作业。

10.1.3 钢结构制造、涂装应开展专项工艺试验和评定,应编制钢结构制造、涂装工艺作业技术指导书。

10.1.4 钢结构制造、涂装应建立首件验收和评定制度,验收合格后再全面开展钢结构制造、涂装作业。

10.1.5 钢结构制造、涂装时,应加强过程工艺、质量标准和作业流程的监理、检查和督促工作。

10.1.6 钢管混凝土桁式主梁、桁式墩(塔)、组合墩(塔)、混合墩(塔)的钢管混凝土主管安装工艺方案的制订,应充分利用既有钢管结构的强度、刚度和稳定性,安装过程中应开展专项安全措施设计。

10.1.7 钢管内混凝土灌注工艺,应首先进行现场试配、模拟灌注和检查,再制订合理的灌注工艺指导施工。

10.2 钢结构制造

10.2.1 钢结构制造单位应根据桥梁施工图设计文件,开展钢结构制造大样的工艺设计和评定。

10.2.2 钢结构制造的下料、配料、匹配和预拼装等过程,应保证设计的几何精度要求和规范的容许误差要求。

10.2.3 钢结构组装应按设计和规范要求进行构件、桁片和节段的预拼装,预拼装节段数量应满足设计和规范要求。

10.2.4 钢管混凝土相贯焊接节点和对接接头应开展专项工艺试验评定等,编制焊接作业技术指导书,焊接接头几何精度、焊接环境条件必须与焊接工艺拟定的参数相同。焊接中应制订措施控制焊接缺陷、焊接应力和焊接变形。

10.2.5 钢管混凝土桁式结构的支管与主管相贯焊接接头应采用全熔透焊缝,支管坡口形式可按图10.2.5所示设置。

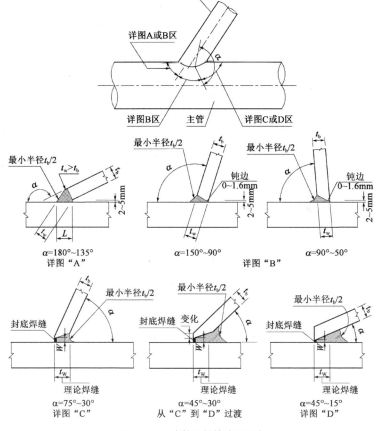

图10.2.5 全熔透焊缝坡口形式

10.2.6 钢管对接接头应采用全熔透焊缝,管端坡口可采用图10.2.6的形式。

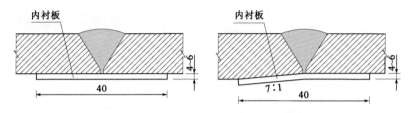

图10.2.6 钢管对接坡口形式(尺寸单位:mm)

10.2.7 钢管混凝土桁式结构的主管采用直缝焊接管时,对环焊缝、纵焊缝和节点的相贯焊缝,应按图10.2.7所示的要求避免焊缝交叉或焊缝过于集中。

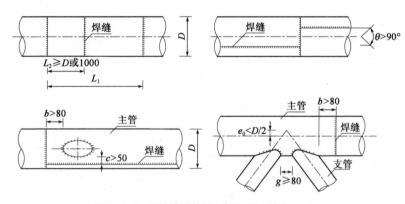

图10.2.7 钢管错缝布置示意图(尺寸单位:mm)

10.2.8 钢管混凝土桁式结构的主管与支管相贯焊缝的修磨方位

应符合图10.2.8的要求。

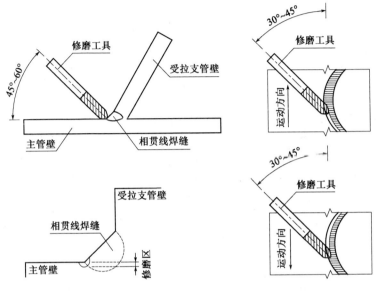

图 10.2.8 焊缝修磨方位图

10.3 钢结构安装

10.3.1 主梁钢管混凝土桁式结构的安装可采用顶推拖拉法、架桥机安装法等,墩(塔)钢管桁式结构的安装可采用摇背扒杆吊装法、塔吊吊装法、汽车起吊吊装法等。

10.3.2 钢管对接接头宜设置不少于3块的导向定位板,其构造宜符合图10.3.2的构造示意要求。

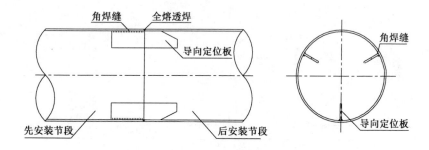

图10.3.2 钢管对接接头安装导向板示意图

10.4 管内混凝土灌注

10.4.1 灌注管内混凝土前,应检查并清除钢管内的污物、垃圾。

10.4.2 竖直钢管可采用高抛混凝土灌注工艺,斜管和水平管可采用泵送灌注工艺,当管内混凝土灌注量小于 $2m^3$ 时可采用人工灌注工艺。

10.4.3 在施工现场采用已准备完成的管内混凝土配合比,模拟灌注构件的位置进行足尺模型灌注工艺试验。

10.4.4 根据灌注工艺试验,应编制钢管内混凝土灌注工艺的作业技术指导书。

10.4.5 管内混凝土灌注时,应严格控制拌和站原材料质量与计量,现场应充分准备灌注人力、设备及检查工具。

10.4.6 应设置专门的防雨、防水棚,遮盖混凝土灌注口和钢管开口。

10.4.7 钢管混凝土灌注完成14d后,采用敲击法、超声波法或钻孔验证法检查管内混凝土的密实度。

10.5 钢结构涂装

10.5.1 钢管混凝土梁桥中的钢构件,应针对桥址大气腐蚀环境和涂层体系保护年限,按《公路桥梁钢结构防腐涂装技术条件》(JT/T 722)的规定,进行防腐涂装。

10.5.2 钢管混凝土梁桥设计时,应针对结构防腐蚀重点、工艺要求,重视细节构造处理,应避免出现易于积水、集污的死角、未封闭焊缝以及难以实施涂装施工的不良细节。

条文说明

根据《公路桥梁钢结构防腐涂层技术条件》(JT/T 722),长效型防腐涂层保护年限15~25年的要求,必须针对构造细节,如防排水、集污死角、未封闭焊缝以及难以涂装施工的不良细节等进行重点研究确定其涂装体系防腐工艺,方能确保涂层体系保护年限。

附录 A 钢管混凝土徐变系数

A.0.1 钢管混凝土梁桥内力与变形计算应计入徐变的影响。计钢管约束的混凝土徐变系数宜按式(A.0.1)计算。

$$\phi'(t_c,t_{c0}) = \frac{\phi(t_c,t_{c0})}{1 + \frac{E_s}{E_c}[1 + \mu\varphi(t_c,t_{c0})]a_s} \quad (A.0.1)$$

式中：t_{c0}——加载时的混凝土龄期；

t_c——计算时刻的混凝土龄期；

$\phi(t_c,t_{c0})$——混凝土的徐变系数，可根据《公路钢筋混凝土及预应力混凝土桥涵设计规范》(JTG D62)附录 F 取值；

a_s——截面的含钢率，$a_s = \dfrac{A_s}{A_c}$；

ρ——参数，$\rho = \dfrac{1}{1 - e^{-\phi(t_c,t_{c0})}} - \dfrac{1}{\phi(t_c,t_{c0})}$；

E_s、E_c——钢管和混凝土材料弹性模量；

A_s、A_c——钢管和混凝土截面面积。

附录 B 钢管混凝土本构关系

B.0.1 钢管混凝土受压本构关系,应采用"统一理论"的全过程曲线,如图 B.0.1 所示。

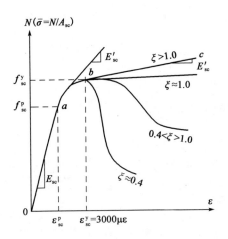

图 B.0.1 钢管混凝土轴压 $N\text{-}\varepsilon$ 全过程关系曲线

条文说明

钢管混凝土"统一理论"的具体内容是:把钢管混凝土视为一种组合材料,用构件的整体几何特性(全截面面积和抵抗矩等)和钢管混凝土的组合性能指标,来计算构件的各项承载力,不再区分钢管和混凝土。随着物理参数、几何参数和应力状态的改变而改变,变化是连续的、相关的。其组合应力与组合惯性矩按试验

得出:

1 导出钢材和混凝土在多轴应力状态下的本构关系数学表达式;

2 用有限元法计算得到钢管混凝土在各种应力状态下(轴压、轴拉和受弯、受扭等)的荷载-变形关系曲线;

3 根据上述全过程曲线,确定极限准则,定出承载力组合设计指标。

通过钢管混凝土试件的试验,得出的本构关系已包括约束力效应,因此,确定的组合设计指标含约束效应。钢管混凝土组合指标除试验确定的组合应力 f_{sc}、组合弹性模量 E_{sc} 外,还包括计算确定的组合截面积 A_{sc} 和组合惯性矩 I_{sc}。

钢管混凝土轴心受压($L/D=3\sim3.5$,L 为计算长度,D 为外直径)时的 $N\text{-}\varepsilon$ 的典型全过程曲线图,纵坐标 N 是轴压荷载,也可表示为截面的名义应力或平均应力为:

$$\bar{\sigma} = \frac{N}{A_{sc}} \qquad (B.0.1\text{-}1)$$

式中:A_{sc}——钢管混凝土组合截面面积,按式(B.0.1-2)计算;

$$A_{sc} = \frac{\pi D^2}{4} \qquad (B.0.1\text{-}2)$$

D——钢管混凝土钢管直径。

当约束效应系数标准值 $\xi>1$ 时,约束效应大,混凝土纵向承载力的增大值超过钢管纵向承载力的下降值,逐渐形成强化阶段。

当约束效应系数标准值 $\xi \approx 1.0$ 时,二者的纵向承载力的增大值和下降值接近相等,就出现水平塑性阶段。

当约束效应系数标准值 $\xi < 1.0$ 时,上述纵向承载力的增大值小于下降值,就出现下降段。

当约束效应系数标准值 $\xi \approx 0.4$ 时,约束效应太小,不出现塑性段,曲线在约 $3000\mu\varepsilon$ 时徒然下降,随后曲线趋于平缓。钢管混凝土在应变 ε_{sc}^{y} 时基本都达到了极限状态,即钢材应力达到了屈服状态。

附录 C 钢管混凝土构件应力计算

C.0.1 钢管混凝土构件作为钢管和混凝土两种材料时,构件符合平截面假定,应采用叠加法计算各阶段累计的截面应力,并符合式(C.0.1-1)及本规程6.4计算限值要求的相关规定。

$$\sigma_c \leq \frac{K_1}{K_2} f_{ck} \qquad (\text{C.0.1-1})$$

式中:σ_c——钢管混凝土组合截面中管内混凝土应力;

K_1——钢管混凝土轴心受压构件的核心混凝土轴心抗压强度提高系数,K_1可按式(C.0.1-2)计算:

$$K_1 = 1 + [\sqrt{4 - 3(0.25 + 3.2a_s)^2} - 1]a_s \frac{f_y}{f_{ck}}$$

$$(\text{C.0.1-2})$$

K_2——管内混凝土容许应力安全系数,可取 $K_2 = 1.7$;

a_s——截面的含钢率;

f_y——钢材的屈服强度;

f_{ck}——混凝土轴心抗压强度标准值。

条文说明

钢管应力为各个施工阶段的累计应力、二期恒载引起的应力、温度应力以及活载、混凝土收缩、徐变应力的累加。钢管应力计算一般是将钢管混凝土构件作为钢管和混凝土两种材料单元,根据各自的材料特性和施工过程,采用有限元法叠加计算而成。钢管实际应力值一般大于理论分析值,主要是混凝土的弹模取值与理论取值有差异,且与混凝土收缩、徐变有关,目前缺乏这方面的系统性和连续性实测资料。此外,在工程实践中往往在没有达到设计规定的混凝土强度时,就进行后续钢管混凝土灌注,也增大了钢管的应力。为保证钢管在正常使用极限状态钢管处于弹性阶段,应有安全储备。参考《钢管混凝土结构设计与施工规程》(JCJ 01—89),钢管混凝土构件管内混凝土受到钢管的约束,其轴心抗压强度将提高,因此,可取 $\dfrac{K_1}{K_2}f_{ck}$ 值进行控制设计。

C.0.2 在正常使用极限状态下,钢管混凝土构件的钢管、混凝土的应力宜按式(C.0.2-1)~式(C.0.2-4)计算。

钢管混凝土组合构件截面的组合应力和应变:

应力 $$\sigma_{sc} = \frac{N_{sc}}{A_{sc}} \pm \frac{M_{sc}}{W_{sc}} = \sigma_{sc}^{N} + \sigma_{sc}^{M} \qquad (C.0.2\text{-}1)$$

应变 $$\varepsilon_{sc} = \frac{\sigma_{sc}}{E_{sc}} = \frac{\sigma_{sc}^{N} + \sigma_{sc}^{M}}{E_{sc}} \qquad (C.0.2\text{-}2)$$

钢管混凝土构件钢管和混凝土的应力:

钢管应力 $$\sigma_s = \sigma_{sc} n_s + \sigma_0 \qquad (C.0.2\text{-}3)$$

混凝土应力 $\quad \sigma_c = \left(\sigma_{sc} - \dfrac{2T}{D}\sigma_{sc}^M\right)n_c \approx \sigma_{sc} n_c \quad$ （C.0.2-4）

式中：σ_{sc}——钢管混凝土组合截面的应力；

N_{sc}——钢管混凝土组合截面形成后构件中所增加的轴力设计值，即扣除计算初应力 σ_0 的内力；

M_{sc}——钢管混凝土组合截面形成后构件中所增加的弯矩设计值，即扣除计算初应力 σ_0 的内力；

W_{sc}——钢管混凝土组合截面外缘的抵抗矩；

ε_{sc}——钢管混凝土组合截面的轴向线应变；

n_s——钢与钢管混凝土组合材料弹性模量比值 $n_s = \dfrac{E_s}{E_{sc}}$；

n_c——混凝土与钢管混凝土组合材料弹性模量比值 $n_c = \dfrac{E_c}{E_{sc}}$。

附录 D 钢-混凝土组合桥面板

D.0.1 钢-混凝土组合桥面板的构造应符合下列规定：

1 钢-混凝土组合桥面板：在主桁架上应满铺 7～10mm 厚的钢底板，通过在钢底板上焊接间距约 40cm 的带孔钢板，再浇筑钢纤维水泥混凝土，形成总厚度为 12～17cm 的桥面板。

2 钢-混凝土组合桥面板应由等厚板、纵肋、横肋组成，纵横肋间距比应大于 2.0；横肋应设置在上弦节点处，如图 D.0.1-1 所示。

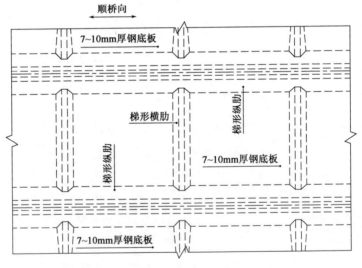

图 D.0.1-1 钢-混凝土组合桥面板的构造示意图

3 纵横肋宜采用梯形截面,桥面钢底板在纵横肋处按要求弯折,再与支管焊接连接。

4 钢底板厚度为 7~10mm,其上沿桥纵向每隔 35~45cm 设置厚度为 6mm 的带孔钢板,其高为 10~14cm,开孔间距为 10~12cm,开孔直径不小于 4cm,孔内穿 $\phi12$ 钢筋,顶面铺设钢筋网,再现浇 C40 钢纤维混凝土,厚度不宜小于 12cm,如图 D.0.1-2 所示。

5 钢-混凝土组合桥面板在主桁架上缘主管处应设置纵肋,纵肋高度 h_2 不宜超过板厚度 h_1 的 4~5 倍,纵肋倒角的水平宽度 b_1 应和高度 h_2 接近,如图 D.0.1-3 所示。

6 钢-混凝土组合桥面板上的铺装采用 5~7cm 改性沥青混凝土,在对应纵横肋位置的桥面板顶面 2m 宽度范围内,宜进行防水处理。

7 水泥混凝土桥面板采用钢纤维或混杂纤维混凝土浇筑,并注意施工缝位置的预留和处置技术。

D.0.2 钢-混凝土组合桥面板钢材的材质应符合下列规定:

1 钢-混凝土组合桥面板的钢底板、带孔钢板宜采用 Q235-B 或 Q235-C。

2 钢-混凝土组合桥面板钢结构的制造与焊接,应符合本规程钢结构的相关规定。

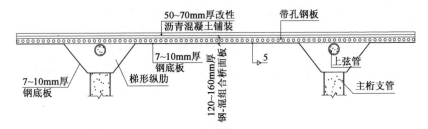

a) 标准断面

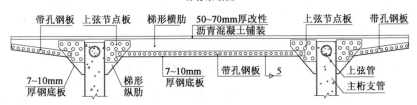

b) 横肋断面

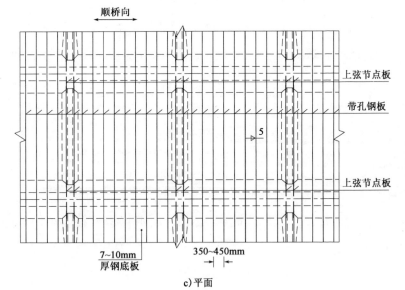

c) 平面

图 D.0.1-2 桥面板的构造示意图

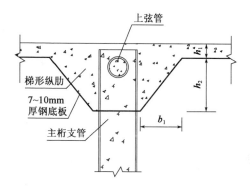

图 D.0.1-3 梯形纵肋的构造示意图

本规程用词用语说明

1 为便于在执行本标准条文时区别对待,对要求严格程度不同的用词说明如下:

1) 表示很严格,非这样做不可的用词:

正面词采用"必须",反面词采用"严禁"。

2) 表示严格,在正常情况下均应这样做的用词:

正面词采用"应",反面词采用"不应"或"不得"。

3) 表示允许稍有选择,在条件允许时首先这样做的用词:

正面词采用"宜",反面词采用"不宜"。

4) 表示有选择,在一定条件下可以这样做的,采用"可"。

2 条文中指定按其他有关标准执行的写法为"应按……执行"或"应符合……的规定"。